U0512523

"十三五"国家重点出版物出版规划项目

中国经济治略丛书

我国西部地区特色产业政策
实施绩效实证研究

An Empirical Study on the Implementation Performance of
Characteristic Industry Policy in Western China

哈梅芳 著

中国财经出版传媒集团

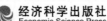

经济科学出版社
Economic Science Press

图书在版编目（CIP）数据

我国西部地区特色产业政策实施绩效实证研究/哈
梅芳著 . -- 北京：经济科学出版社，2022. 6
（中国经济治略丛书）
ISBN 978 - 7 - 5218 - 3297 - 6

Ⅰ.①我… Ⅱ.①哈… Ⅲ.①西部经济 - 特色产业 -
产业政策 - 企业绩效 - 研究 Ⅳ.①F269.22

中国版本图书馆 CIP 数据核字（2021）第 255877 号

责任编辑：王 娟 李艳红
责任校对：杨 海
责任印制：张佳裕

我国西部地区特色产业政策实施绩效实证研究
哈梅芳 著
经济科学出版社出版、发行 新华书店经销
社址：北京市海淀区阜成路甲 28 号 邮编：100142
总编部电话：010 - 88191217 发行部电话：010 - 88191522
网址：www. esp. com. cn
电子邮箱：esp@ esp. com. cn
天猫网店：经济科学出版社旗舰店
网址：http：//jjkxcbs. tmall. com
北京季蜂印刷有限公司印装
710 ×1000 16 开 12.25 印张 210000 字
2023 年 2 月第 1 版 2023 年 2 月第 1 次印刷
ISBN 978 - 7 - 5218 - 3297 - 6 定价：62. 00 元
（图书出现印装问题，本社负责调换。电话：010 - 88191510）
（版权所有 侵权必究 打击盗版 举报热线：010 - 88191661
QQ：2242791300 营销中心电话：010 - 88191537
电子邮箱：dbts@ esp. com. cn）

　　本书受：宁夏高等学校一流学科建设（理论经济学科，NXYLXK2017B04）、"开放战略与区域经济人文社科重点研究基地"、国家社科基金一般项目（13BJY006）支持。

前　言

近年来，西部各地将能体现区域性和优势性的特色产业作为促进区域经济持续、稳步发展的战略之举。"十三五"期间特色产业相继得到了快速发展，"十四五"开局，借助"一带一路""黄河流域生态保护和高质量发展"战略的东风，各地区亦在迅速加快发展特色产业的步伐，区域特色、区域制造、区域通道等正在极力提升西部各地特色产业的发展品牌、发展效率与发展效应，区域特色产业较好的发展态势已然具备。但是，西部各地在走特色产业发展道路之时，资金短缺、研发薄弱、人才欠缺、技术制约、粗加工、链条短等很多问题仍困扰着区域特色产业的发展，发展特色产业需要借助政府强有力产业政策的扶持、引导与推进，以挖掘并充分发挥出特色产业带动区域经济发展的潜力与作用，进一步实现以特色产业带动区域经济持续、稳定发展的目标。

在此过程中，产业政策实施后对西部地区特色产业发展绩效的影响情况，如何以较为恰当、适宜的产业政策来持续提升区域特色产业发展的绩效等问题成为各地特色产业发展进程中一个非常重要且不容忽视的任务。因而，更加科学地构建出区域特色产业发展的绩效体系，并从政策视角探究产业政策与区域特色产业绩效两者间的关系，寻找产业政策实施对区域特色产业发展绩效的影响效应，从而更有针对性地促使这些产业政策因素发挥积极、有效的作用，提高区域特色产业发展的效率，减少发展过程中的不合理与不利因素，就构成了本书的研究出发点与宗旨。

基于此，本书立足西部地区特色产业，以提升其绩效为主旨，以探寻区域特色产业绩效构成要素、产业政策实施对特色产业发展绩效的影响效应、产业政策在其实施过程中的问题关键点等作为基本研究问题，并从产业政策视角凝练出促进区域特色产业发展绩效的政策启示作为落脚点，利用理论分析结合实证检验的思路和方法展开研究。

结合创新点本书的主要工作与结论是：第一，在基于对样本地区特色产业发展现实状况进行分析后，构建了区域特色产业绩效结构模型。本部分基于理论并结合西部地区实际，从质量结合数量双重视角，从产业发展规模、发展效率、发展结构与发展潜力四个维度构建了区域特色产业发展绩效结构模型，运用样本数据，以量化方式剖析区域特色产业绩效各构成要素间的内在关系，并对实证结果进行分析讨论。此部分的结论是：发展效率要素对区域特色产业绩效贡献最大，其中，充分依托本地资源、提升产品深加工比重两个变量对发展效率要素最为重要；发展结构要素对区域特色产业绩效的贡献程度最弱；品牌申请与保护变量对发展潜力要素最为重要，产业总产值变量则对发展规模要素最为重要。此部分的研究可为区域特色产业有效提升其绩效赋予新的方向与思路。第二，在对区域特色产业政策体系概括与实施绩效做出描述性统计分析的基础上，构建了产业政策实施对区域特色产业绩效影响效应模型。本部分基于理论支撑与文献借鉴，以罗斯威尔"需求、环境、供给"的政策分析为基本思路，构建了"支持类产业政策、促进类产业政策与规范类产业政策"三个维度的区域特色产业政策指标体系框架，结合西部地区特色产业实际，对产业政策指标体系进行测度后，构建了产业政策实施对区域特色产业发展绩效的影响效应模型，运用样本数据，实证测量产业政策实施对区域特色产业发展绩效的影响大小。本部分主要结论是：支持类产业政策对特色产业绩效影响效应最大，其中的税收优惠政策变量对支持类产业政策具有最强的贡献度，人才支持政策变量对支持类产业政策贡献最小；促进类产业政策对特色产业绩效的影响作用最弱，且对特色产业不同的绩效构成要素影响也并不明显；规范类产业政策对特色产业绩效的影响效应在三类政策中居于中等水平，其中的知识产权变量对规范类产业政策的贡献最大。此部分内容为后续的产业政策促进区域特色产业绩效提升的政策启示提供了有力的数量证据，从而有助于针对性地促进不同产业政策对区域特色产业绩效提升释放出正向、积极的作用。第三，围绕产业支持类政策、产业促进类及其产业规范类政策，从实践环节中寻找产业政策实施过程中问题存在的现实依据，并结合实证分析得出的数据证据，从五个方面得出有助于区域特色产业发展绩效的政策启示：重视规范类产业政策在区域特色产业中的引导作用；强化支持类产业政策在区域特色产业中的扶持作用；适度发挥促进类产业政策在区域特色产业中的推进作用；构建并对产业绩效评价机制予以规范化；加强各政策间的沟通协调、注重应用法律手段来保障产业政策得以顺利执行。

对于上述研究内容，本书不仅将产业政策与产业绩效两个方面结合起来进行分析，并以量化方式剖析区域特色产业绩效各构成要素间的内在关系，实现了从综合性的角度对区域特色产业发展进行深度、客观的分析，为区域特色产业提升其绩效提供了可借鉴的基准，且此量化方式对全面理解绩效理论在不同产业背景下的应用亦为一种有益的尝试。另外，本书从微观的企业视角出发，对产业政策与区域特色产业绩效两个方面同时展开多维度的分析和实证研究，实证分析产业政策实施对区域特色产业绩效影响的数据证据与现实依据，从而使得产业政策从宏观逐渐聚集于更具操作性的微观视角，继而使得本书的政策启示更具针对性与实用性。此外，在展开实证分析时，主要选用了融回归、路径与验证性分析的结构方程模型方法，在量化多个变量间关系的同时，也揭示出区域特色产业绩效构成要素间的内在关系、产业政策与区域特色产业绩效构成要素间及其各测量变量间的关系，确保本书最终的分析结果更为科学、合理和系统，达到了用恰当的方法解决现实问题的目的。

CONTENTS 目录

第 1 章

绪　　论

1.1　研究背景与意义

1.1.1　研究背景

近年来西部各地一直将体现区域性和优势性的特色产业作为带动各地区域经济持续、稳步发展的战略之举。"十三五"期间区域特色产业已经得到了飞快发展，其中，样本地区①特色优势产业产值占农业总产值已突破87.4%，现代特色农业产值占比超8成②。继国家在"十三五"期间以产业扶贫作为战略规划的政策相继出台后，各地亦借助自身资源禀赋，积极以特色产业实施精准扶贫的规划响应了国家的战略规划。

自发展特色产业被确定为各地区域经济快速发展的引擎以来，如何发展特色产业、如何延伸特色产业链条、如何提升特色产业整体效率等问题成为各地方政府从不间断的话题与发展重点，并且政府非常重视以适当的产业政策来引导、支持与推动特色产业实现健康、绿色与持续性的发展，加之西部地区特色产业与周边国家及其地区的交流与合作，更助推了区域特色产业的快速发展，产业链不断得以延伸，产业综合效益及其竞争力逐年攀升。

---

① 本书样本地区是指宁夏回族自治区。
② "十三五"时期宁夏创新引领产业转型发展［EB/OL］．（2020–11–03）．http：//fzggw. nx. gov. cn/zwdt/202011/t20201103_2274681. html.

2013 年 9 月，习近平总书记完整阐述了"新丝绸之路经济带"的构想，此后，在"一带一路"建设中，我国西部各省份作为推进与沿线周边国家交流和合作的主要角色，区域对外贸易 2014 ~ 2021 年实现了年均 7% 左右的增长速度，2021 年较上年进出口总额增长了 28.8%[①]，其中样本地区 2016 ~ 2018 年特色优势产业带动脱贫达到 29.36 万人[②]。2021 年 1 ~ 6 月，农产品出口增长 46.3%，其中肉牛出口产值增长达 323.5%[③]。西部各地区正在成为"一带一路"节点上的重要环节。与此同时，依托"一带一路""黄河流域生态保护和高质量发展"战略的良好机遇，各地亦在迅速加快发展区域特色产业的步伐，区域特色、区域制造、区域通道等正在极力提升着各地特色产业的发展品牌、发展效率与发展效应，例如宁夏的中宁枸杞、灵武羊绒成为国家外贸转型升级出口示范基地，宁夏牛油产品实现首次出口，多批区域特色产品纷纷走出国门步入国际市场，为区域经济的发展做出了重要的贡献。在此大背景下，西部各地特色产业较好的发展态势已然具备。

但不可否认的是，西部各地在走特色产业发展道路之时，其粗加工特征仍比较明显，在产业生产、销售与市场拓展等领域仍然无法与发达省份相比，资金短缺、研发薄弱、人才欠缺、技术制约等方面的问题阻碍着区域特色产业持续、健康、稳定的发展，区域发展特色产业必须要借助政府强有力的产业政策扶持与引导，以挖掘并充分发挥出其带动区域经济发展的潜力与作用，从而实现以特色产业达到脱贫攻坚与乡村振兴有效衔接的目标。然而在此过程中，各种产业政策实施后对西部地区特色产业发展绩效的影响情况如何，产业政策实施过程中的问题关键点在哪里，如何以较为恰当、适宜的产业政策提升区域特色产业发展的绩效等问题就成为西部地区特色产业发展进程中一个不容忽视的重要任务。而如何更加科学地构建出西部地区区域特色产业发展的绩效衡量要素，并从政策视角探究产业政策与区域特色产业绩效两者间的关系，寻找产业政策实施后对区域特色产业发展绩效的影响效应、政策实施过程中问题关键点的现实依据，从而有针对性地促使这些产业政策因素发挥积极、有效的作用，提高西部地区区域特色产业发展的效率，减少发展过程中的不合理与不利因素，这些也

---

① 根据国家统计局 2014 ~ 2021 年西部地区经营单位所在地进出口总额数据计算得出。
② 宁夏发展特色优势产业带动脱贫 29.36 万人［EB/OL］.（2019 – 09 – 30）. http：//baijia-hao. baidu. com/s? id =1646068094396590600&wfr = spider&for = pc.
③ 1 ~ 6 月我区进出口总值 73.5 亿元［EB/OL］.（2021 – 07 – 26）. http：//qgjcs. customs. gov. cn/yinchuan_customs/531985/531987/index. html.

正构成了本书的研究出发点与宗旨。

　　基于此，本书立足西部地区特色产业，以宁夏为样本数据，以提升其发展绩效为研究主旨，以探寻西部地区区域特色产业发展绩效构成要素、产业政策实施对区域特色产业绩效的影响效应、产业政策在其实施中存在的问题关键点等作为本书基本的研究问题，并以产业政策视角凝练出促进区域特色产业发展绩效的政策启示作为本书的落脚点，运用理论分析与实证检验的思路和方法展开研究。

1.1.2　研究意义

　　作为体现西部地区特色和优势的区域特色产业，对各地区域经济的贡献具有积极的作用，以特色产业达到乡村振兴与脱贫攻坚有效衔接更是西部各地积极响应国家号召的一项重大战略规划，本书针对西部地区特色产业政策的实施绩效展开实证研究，具有较大的理论与实践意义。

1.1.2.1　理论意义

　　一方面在产业政策及其特色产业绩效方面的研究，国外有较为成熟的分析框架，我国此方面的研究稍晚，关于将产业政策、产业发展绩效双方面同时进行分析的、较为规范的研究框架较为匮乏，尤其是立足于区域性特色产业，从产业政策视角，以特色产业绩效与产业政策实施为研究对象，以量化的方式剖析产业政策实施与特色产业发展绩效的影响效应及实证证据类的研究较为缺乏，不利于从整体性视角对区域性特色产业的发展展开分析讨论。故此本书对相关文献资料进行较为仔细全面分析整理后，基于理论层面对西部地区区域特色产业发展绩效的构成要素、产业政策指标体系进行了概括与阐述分析，并测度出产业政策实施对区域特色产业发展绩效的影响程度，这不仅有助于对产业政策所起的作用有进一步清楚的认识，同时也是对未来制定的产业政策如何有针对性地促进各地区域特色产业发展的关键所在。因而本书在某种程度上丰富和发展了产业政策与产业发展绩效的研究框架，在理论方面实现了一定的拓展性。

　　另一方面本书在研究分析产业政策实施对区域特色产业绩效的影响效应时，运用了集成回归、路径与验证性分析方法的结构方程模型，并运用实地研究方法寻找其现实证据，避免了以往研究中运用回归模型仅能解释单一变量间关系的限制，使得本书在最终的研究结果方面更具科学性与系统性。

1.1.2.2 实践意义

对西部地区来说，发展特色产业有助于使各地的区域资源优势转化为经济优势，有助于促进区域经济健康快速发展，因此本书以区域特色生产企业的微观数据做实证分析，对产业政策实施与区域特色产业发展绩效两者间的影响效应展开研究，通过对区域特色产业政策体系的梳理与构建、区域特色产业发展绩效构成要素及其两者间的影响效应进行系统的研究，一方面可以更好地从微观视角理解产业政策实施对我国西部地区区域特色产业发展绩效的作用机制，另一方面通过具体测算出各个产业政策类型对区域特色产业绩效的影响程度，有助于西部各地相关政府管理部门掌握实施不同的产业政策对区域特色产业影响的强度，从而根据特色产业的实际发展需求促进各产业政策发挥出积极的作用，为各地区域特色产业制定出有针对性的产业政策，使得资源不被虚耗、区域特色产业发展绩效得以提升、产业政策实施的效果亦得到保障等赋予经实证分析检验后的数据证据。最后根据上述实证检验，本书又以此继续审视产业政策在促进区域特色产业发展过程中所遇到的问题点，为相关部门制定更具操作性的产业政策提供现实依据，使得本书对于产业政策与西部地区区域特色产业政策绩效研究表现出一定的现实性意义。

1.2 研究思路、内容与研究方法

1.2.1 研究思路

整体上，本书依照先理论分析、后实证检验的研究思路。本书将改善西部地区区域特色产业发展绩效作为研究宗旨，以探寻区域特色产业绩效构成要素、产业政策指标体系、产业政策实施与区域特色产业绩效间的影响效应、产业政策在促进区域特色产业发展过程中的问题点为基本研究问题，以凝练出促进区域特色产业的政策启示为研究最后落脚点。

由此，本书首先对产业政策与特色产业相关的文献进行了梳理，为本书构建西部地区特色产业绩效结构模型、产业政策指标体系、产业政策实施对区域特色产业发展绩效的影响效应模型提供理论依据与文献支撑。在此基础上提出了本书研究的概念模型，并结合西部地区区域特色产业发展的实际，进一步分析了本书所提概念模型的理由，详细阐述、分析了区域特色产业绩效各要素变量、产业政策实施对区域特色产业发展绩效影响效应模型，遵循结构方程模型方法的要求，先后对区域特色产业绩效要素变量、产业政策指标体系实施了测量，用问卷形式通过实地调研收集样本地区的企业微观数据，经过严格的信度、效度检验，并根据理论与西部地区区域特色产业实际情况修正了本书所提的概念模型，然后对实验检验通过的结果做了详细的讨论，并予以解释其原因，为政策启示寻找到实证数据的支持。而后基于支持类产业政策、促进类产业政策与规范类产业政策三种产业政策类型，以实证通过的研究结果，结合理论分析与实证调研，总结出西部地区区域特色产业政策在实施过程中的问题，为西部地区区域特色产业政策启示的得出找到现实性依据。最后，从五个方面凝练区域特色产业发展的政策启示。本书的研究技术路线如图 1.1 所示。

1.2.2　概念界定与研究内容

1.2.2.1　区域特色产业概念界定

对于特色产业的内涵学者们有着不同的认识，目前尚未有较为一致的内涵解释。通常认为，特色产业与其形成的自然与社会环境关系较为密切，因此可将其划分为两种类型：一种是在特定的区域自然资源与独特的资源禀赋基础上形成的自然资源类特色产业，此类特色产业经常构成了区域经济得以快速发展的基础，因而当其得到较好、较快的发展时往往可转化为区域性主导产业；另一种是在区域特定文化环境、传统民俗等基础上逐渐形成的社会资源类特色产业，此类特色产业往往具有较强的区域民族特色。特色产业某种程度上就是该区域的优势产业（杨亚东等，2020）①。胡继亮和陈瑶（2018）等也指出，特色产业是能体现地方特色的生产加工工艺和技术特色的产业②。特色产业应体现其较强的地域性、不可复制性、有一定比较优势、具较好发展潜力，在特色产品与特色资源基础上形成产业体系。

———————

① 杨亚东，罗其友，伦闰琪，等. 乡村优势特色产业发展动力机制研究——基于系统分析的视角 [J]. 农业经济问题，2020（12）：61 – 73.
② 胡继亮，陈瑶. 特色产业选择初探 [J]. 中南民族大学学报（人文社会科学版），2018，38（4）：166 – 170.

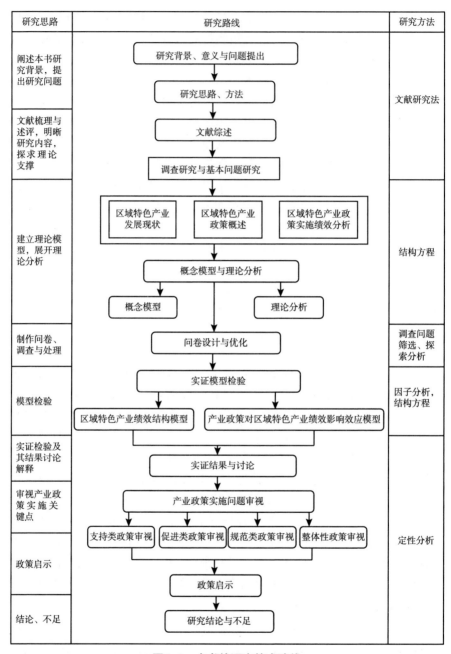

研究思路	研究路线	研究方法
阐述本书研究背景，提出研究问题	研究背景、意义与问题提出 研究思路、方法	文献研究法
文献梳理与述评，明晰研究内容，探求理论支撑	文献综述 调查研究与基本问题研究	
建立理论模型，展开理论分析	区域特色产业发展现状　区域特色产业政策概述　区域特色产业政策实施绩效分析 概念模型与理论分析 概念模型　　理论分析	结构方程
制作问卷、调查与处理	问卷设计与优化	调查问题筛选、探索分析
模型检验	实证模型检验 区域特色产业绩效结构模型　产业政策对区域特色产业绩效影响效应模型	因子分析，结构方程
实证检验及其结果讨论解释	实证结果与讨论	定性分析
审视产业政策实施关键点	产业政策实施问题审视 支持类政策审视　促进类政策审视　规范类政策审视　整体性政策审视	
政策启示	政策启示	
结论、不足	研究结论与不足	

图 1.1　本书的研究技术路线

综合上述有关特色产业的概念阐述，结合西部地区实际，本书认为西部地区特色产业主要是指能体现各地区域特色、并有一定区域比较优势的产业。本书所指的西部地区区域特色产业主要包括枸杞产品、果蔬产品、牛羊肉、乳品业、地方特色、薯业产品、休闲食品、羊绒制品、优质粮食等产业类型，基本涵盖了西部地区特色产业的相关产业类型。

1.2.2.2 研究内容与组织

根据本书的设计，共安排了八部分的内容。

第 1 章：绪论。此部分主要阐述本书研究背景，就研究意义进行简单的分析，进一步为后续章节明晰研究思路、方法与研究内容。

第 2 章：文献综述。本章梳理清楚现有研究文献、评述目前研究成果中的可取之处与不足之处，再次明确本书需要研究的具体问题。此部分内容为本书后继研究所需理论模型的构建、实证分析的理论和实践性分析与解释打好基础。

第 3 章：样本地区特色产业政策体系概括与实施绩效分析。本章主要在基于对样本地区的特色产业的发展现状及产业政策的基本情况进行概括与分析后，对产业政策实施的绩效从政策作用的目标与微观视角——区域特色生产的企业层面，就目前产业政策实施对样本地区特色产业影响的直接效应状况、对样本地区特色产业的实际作用强弱状况两个方面展开了描述性统计分析。

第 4 章：区域特色产业政策实施绩效指标体系与模型构建。本章在文献综述与描述统计分析的基础上，结合西部地区实践，分析了产业发展绩效（产业发展规模、发展效率、发展结构、发展潜力四个维度）与产业政策的指标体系（支持类产业政策、促进类产业政策与规范类产业政策三个维度）的内涵，构建区域特色产业发展绩效结构概念模型、产业政策实施与区域特色产业发展绩效的影响概念模型，然后基于理论视角分别探讨了不同类别的产业政策实施对区域特色产业发展绩效的影响情况，并认为产业政策将会对西部地区区域特色产业发展绩效产生不同程度的正向影响。

第 5 章：产业政策实施对西部特色产业影响的实证分析。本章围绕区域特色产业绩效结构概念模型、产业政策实施对区域特色产业绩效影响概念模型，选取样本、获取数据，运用结构方程（SEM）的分析方法，经过对样本数据严格的信度与效度检验，确保样本及使用数据具有较好代表性后，对所提出的理论模型做了检验、修正与模型评估，且将实证研究最终的结果展开分析与讨论。

第6章：西部特色产业政策实施问题审视。本章主要围绕支持类产业政策、促进类产业政策、规范类产业政策与产业政策整体性视角四个方面，结合实地调研，审视当前产业政策在实施过程中存在的问题，为下一章的政策启示寻找现实依据。

第7章：政策启示。本章将根据第5章的实证数据证据和第6章的现实依据，围绕支持类产业政策、促进类产业政策、规范类产业政策与政策的整体性视角，从五个方面分析并提出促进西部地区区域特色产业更好发展的政策启示。

第8章：研究结论与展望。此部分将本书的研究进行了总结概括，并指出研究中的不足之处。

1.2.3　研究方法

本书整体上依照理论分析之后又对其实施实证检验并行的思路来展开研究，故而在推进过程中运用了以下研究方法。

1.2.3.1　文献研究法

运用此法主要是将与本书相关的产业政策、特色产业、产业绩效等相关方面的文献、报告、政策等进行收集、阅读、总结与述评，收集阅读的文献包括图书、专业报刊、知网、政府报告、文件汇编等文献资源，为产业政策指标体系构成、区域特色产业绩效构成要素、绩效结构模型、产业政策实施与区域特色产业绩效影响效应模型提出、指标变量的测度、问卷制作及其后续的实证检验结果的讨论赋予理论借鉴与支撑。按照前述明确的研究问题，全面整理了特色产业绩效、产业政策等相关成果，通过文献述评进一步对区域特色产业绩效构成要素、产业政策指标体系等概念内涵有了深入、清晰的认识。利用此部分文献研究收集和整理，为本书的持续推进寻求到了理论基础与切入点，也为下一步研究所需的问卷与实证讨论分析提供了支撑。

1.2.3.2　实证研究法

（1）问卷调查法：本书调研对象主要是西部地区从事各类区域特色产业的生产加工企业，通过科学设计"产业政策实施绩效调查问卷"，间接获取研究时所需的数据。问卷调研初期调研测试阶段主要选择宁夏大学工商管理在读硕士为对象，经过初测阶段后将问卷中存在的问题进行修改并完善。正式调研阶段需要为下一步的模型定量化研究收集样本数据。由于调研企业覆盖面较广，考虑样本的可接触性、企业调研的难度、企业数据的保密性及其精力的限制，本书以西部地区特色产业发展有一定代表性的宁夏为样本地区，并根据对样本地区从事特色产业的生产加工类企业数量情况的总体摸底，结合西部地区各地对特色产业的布局与特色产业的不同类型、生产规模等情况，遵循抽样调查法的要求，对样本地区的五个地级市——银川、吴忠、固原、石嘴山、中卫抽取了 300 家左右的特色生产加工类企业作为对象展开问卷调查，调查中得到了各地市场监督管理局相关人员的大力支持，问卷发放和回收结合了现场发放、Email、QQ、照片反馈等多种形式，由企业相关负责人填写，历经 7 个月左右的时间完成了本次调研任务，后期又回访、补充调研了 3 个月，期间共发出 321 份调研问卷，实际回收 267 份，最终有效问卷 231 份，有效率 86.52%，这使得本书研究所需的数据覆盖较为全面、且所获数据的有效性及其稳定性方面也得到了一定的保证。

（2）访谈法：此处的访谈法主要是为了掌握产业政策在实施过程中存在的问题状况，为后续区域特色产业政策问题审视的主要问题寻找现实证据，进而为本书的最后落脚点——政策启示的得出进一步提供现实性依据。访谈实际执行是在展开问卷调查的过程中，以方便性与可接触性为原则，围绕现行区域产业政策的现状、实施情况，以样本企业相关负责人为主要访谈对象，了解当前产业政策在实施过程中所存在的问题表现，从而为促进区域特色产业更好发展的政策启示寻找到现实依据。

1.2.3.3 数量分析方法

此方法主要是以调研获取到的数据为来源，运用定量分析的方法对研究进行实证分析，使得本书的落脚点——政策启示建立在数据证据的基础之上。实际运用此方法时，依据问卷样本分布的特征情况，分别根据调研企业的所在地、销售规模、经营年限、主营业务等方面进行统计描述分析，对区域特色产业绩效构成要素、产业政策指标体系问卷的信效度、鉴别情况等依次运用 KMO 等探索因子法。将区域特色产业绩效结构概念模型、产业政策实施与区域特色产业绩效影响效应模型从其维度、模型调试、验证分析与讨论解释等几步出发，从而基于实证角度分析得出研究结果。

1.3 研究可能的创新

本书可能的研究创新可归纳为三点。

第一，从质量结合数量两个层面，提出并构建了西部地区区域特色产业绩效结构模型，并通过测量各个绩效要素变量对区域特色产业绩效的贡献情况，以量化方式分析区域特色产业绩效各构成要素间的内在关系，从而弥补了过往研究多从定性视角分析产业发展问题，实现了从综合性的角度对区域特色产业发展进行客观、深度的分析，为西部地区区域特色产业提升其绩效寻找到了可以借鉴的基础和准则，并且此量化分析方式对于从综合角度试图将绩效理论运用至具有不同特点的产业发展来说也是较为有益的探索，故此本书所开展的研究具备一定的理论延伸性。本研究从绩效管理视角入手，以区域特色产业为研究对象，从产业发展规模、发展结构、发展效率及其发展潜力四个维度构建了区域特色产业绩效指标体系与区域特色产业绩效结构模型，并测算出四个绩效构成要素对区域特色产业绩效的贡献情况，结果表明：发展效率要素对区域特色产业的绩效贡献最大，其中的测量指标——依托本地资源、提高产品深加比两个变量对于区域特色产业发展效率影响最大，而发展结构要素对区域特色产业绩效的贡献最小。因而西部各地区域特色产业为提升其绩效盘活与利用好本地资源，着重提高其产品深加工比重是西部各地区域特色产业长远发展的一项迫切且重要的任务，应引起政府的充分重视。

第二，从微观的企业视角出发，将产业政策实施后对区域特色产业绩效影响的情况展开多维度的全面论证和实证分析研究，实证分析探讨不同的产业政策对区域特色产业发展绩效影响的数据证据及其存在问题的现实依据，由此可以使得产业政策从宏观研究向更具有操作性的微观领域聚焦，也使得最后提出的促进区域特色产业绩效得以提升的政策启示具有较强的应用性与实用性的特点，故此本书在某程度上对于产业政策研究框架的发展也起到了一定的作用。具体分析时，基于罗斯威尔（1985）的"需求、环境、供给"三个层面的思路分析框架，构建了"支持类产业政策、促进类产业政策与规范类产业政策"三个维度的产业政策指标体系框架，在首先描述分析了三种产业政策实施分别对样本地区特色产业的直接影响效应与实际作用状况的基础上，进一步构建"产业政策实施对区域特色产业绩效的影响效应模型"，基于样本数据，具体量化了三种产业政策类型分别对区域特色产业绩效的影响程度，实证结果显示：尽管支持类产业政策在区域特色产业政策体系的重要性方面表现是最弱的，但是在对区域特色产业发展绩效的影响效应方面却是三种政策类型中效应最大的一种，其中的税收优惠政策变量对支持类产业政策具有最强的贡献度，人才政策变量对支持类产业政策的贡献最小。规范类产业政策尽管在整个产业政策体系重要性方面居于首位，其中的知识产权政策变量对其具有最强的贡献度，但是从其对区域特色产业发展绩效的影响效应方面来看，规范类产业政策在三类政策类型中则居于中等水平。此实证分析结果为促进区域特色产业绩效的政策启示提供了数据证据。继而本书围绕三种产业政策类型，从实践环节中进一步提炼并归纳出产业政策实施过程中问题关键点，为区域特色产业的政策启示寻找到了现实依据，进而对于西部各地区更清楚、更有针对性地制定相关产业政策有着非常明显的意义。

　　第三，本书选用定量分析方法时，运用了能够集回归法、路径分析法与验证性因子分析法于一体的结构方程法，消除了传统分析方法在一次分析中仅仅可以应对一个因变量的约束条件，使得分析中不仅量化了多个变量间的关系，而且也同时揭示出区域特色产业绩效构成要素间的内在关系、产业政策与区域特色产业绩效及其构成要素间的关系，从而确保本书最终的分析结果更为科学、合理和系统，实现了用恰当的方法工具解决现实问题的目的。

第 2 章

文 献 综 述

本章将以文献述评的方式找出与本书相关的已有文献研究中的特点与不足之处，也为后续产业政策类型、产业绩效指标体系与模型构建奠定了良好的理论基础与分析框架。

2.1 关于产业政策的相关研究

世界各国实施产业政策的思想，若从经济政策史层面追溯，可以从17世纪英国提倡国家干预经济，并从国内贸易和产业保护政策开始，到了18世纪，美国首任财政部长提出对发展落后的国家应注重国内产业发展，并建议以免税的形式保护当地制造业，这可以说是最早以产业政策来干预产业发展的学者。19世纪的李斯特亦提出在德国实施保护主义政策，自此后，产业政策这个词汇在日、法两国开始使用，并逐步进入世界各个国家的理论与实践探索的视野中（陈永清等，2016）[1]。从全球视角来看，产业政策的制定正成为国家发展不容忽略的全球现象，世界各国主要经济体纷纷通过产业政策来加强产业竞争的"国家干预"（盛朝迅，2022）[2]。

---

[1] 陈永清，夏青，周小樱. 产业政策研究及其争论述评 [J]. 经济评论，2016（6）：150 - 158.

[2] 盛朝迅. 从产业政策到产业链政策："链时代"产业发展的战略选择 [J]. 改革，2022（2）：22 - 35.

2.1.1 产业政策概念与政策分类方面的研究

产业政策（industry policy）概念的产生是在李斯特《政治经济学的国民体系》后开始，其提出则是 1970 年日本代表在经合组织的演讲报告中被使用。小宫隆太郎等（1988）研究后提出，产业政策是为了优化配置不同产业之间的资源、规范企业经营活动，由政府所实施的各种政策[①]。威廉姆斯（1993）、佩波尔等（2008）则认为产业政策是为了应对市场缺陷、调节市场障碍时所推出的系列措施[②][③]。下河边淳和管家茂（1982）、斯蒂格利茨（2003）认为产业政策是世界各国从长远和整体利益出发，对各个产（企）业的经营活动予以主动干涉的政策总称，干涉手段应该从引导、计划、调整、规制、鼓励、保护等多个方面入手[④][⑤]。吕明元（2007）另辟视角，将产业政策视为公共产品，认为实施产业政策并不是直接引导或规制企业行为，而是基于市场经济条件下、以弥补市场缺陷存在的问题而提供的一种公共物品[⑥]。

产业政策由于其实施的对象不同、作用机制的不同，可将其划分成多个类型。罗斯威尔等（1985）根据政策所产生的影响而划分的政策分类在学界认可度比较高，他基于"需求、环境、供给"三个维度对其进行了政策类别划分，并研究指出，只有这三种政策协调发挥作用，才能作用后形成合力，此时的政策实施所释放出的效果是最优的效果[⑦]。基于此三维政策分析思路，许多学者对政策绩效展开了多项研究（王晓珍等，2016）[⑧]。江飞涛（2017）认为功能性政策是欧盟提出，其作用的主角是市场，政府

① 小宫隆太郎，奥野正宽，铃村兴太郎. 日本的产业政策 [M]. 北京：国际文化出版公司，1988.

② Williams S L. Japanese Industrial Policy：What Is It, and Has It Worked? [J]. Canada – United States Law Journal, 1993 (9)：79 – 92.

③ Lynne Pepall, Dan Richards, George Norman. Industrial Organiztion：Contemporary Theory and Empirical Applications [M]. Malden MA：Blackwell Publishing Company, 2008.

④ 下河边淳，管家茂. 现代日本经济事典（中译本）[M]. 北京：中国社会科学出版社，1982.

⑤ 约瑟夫·E. 斯蒂格利茨. 东亚奇迹的反思 [M]. 北京：中国人民大学出版社，2003.

⑥ 吕明元. 产业政策、制度创新与具有国际竞争力的产业成长 [J]. 经济社会体制比较，2007（1）：134 – 137.

⑦ Roy Rothwell, Walter Zegveld. Reindustrialization and Technology [M]. London：Longman Group Limited, 1985.

⑧ 王晓珍，彭志刚，高伟，等. 我国风电产业政策演进与效果评价 [J]. 科学学研究，2016（12）：1817 – 1828.

在其中的作用是加强市场机能、拓宽其范围，在公共范围内具有弥补市场不到位的作用①。根据中国实际情况，国务院曾在1994年时将产业政策从产业结构、组织、技术与布局政策四个方面进行了划分。

在实际应用产业政策时，由于学界和实践界对其内涵没有达成一致，因此很多学者将产业政策从广义和狭义两个视角来理解，广义视角下将产业政策视作一个政策体系，内容不仅包含国务院所划分的四个类型，同时将与产业发展相关联的其他政策、法规也列入其中，而狭义视角下仅包括产业结构这一种政策（李赠、章冬梅，2010）②。白玉和黄宗昊（2019）从制度层次界定产业政策，提出狭义的产业政策是"治理"与"资源配置与运用"的复合体，广义的产业政策则因人而异，未有一致的表现形态，因此产业政策的界定不宜过宽③。李兴旺和郭毅（2014）研究后将产业政策分为扶持、促进与规制三类政策，并分别找出三类政策的测量指标后，通过构建P-F-E模型，实证分析了产业集群类政策作用的效果④。叶光亮等（2022）认为中国特色社会主义市场经济需要政府与市场有效结合，应推进产业政策从选择性向普惠化、功能性转型，每种产业政策对于市场竞争效率的作用有所不同⑤。北大平新乔教授认为，广义视角的产业政策应包含全部国家政策，狭义上的产业政策则具有动态与垂直的特征，与知识、能力和资本的逐渐积累有关（卜伟等，2017）⑥。江涛（2019）从区块链角度建构了产业政策生态体系，助于政府从"有为"转向"善为"⑦。

2.1.2 实施产业政策的理论依据与有效性方面的研究

产业政策是政府对经济运行的一种干预措施（陈健和郭冠清，

---

① ⑥　卜伟，谢臻，赵坚. 中国产业政策的特点、效果与演变——产业政策问题研讨会会议综述 [J]. 经济与管理研究，2017（4）：79-84.

②　李赠，章冬梅. 现代产业体系下产业政策解析——基于分工的超边际分析框架 [J]. 产经评论，2010（5）：5-8.

③　白玉，黄宗昊. 产业政策研究的现状与展望——新分析框架的提出 [J]. 经济社会体制比较，2019（6）：82-91.

④　李兴旺，郭毅. 产业集群政策的作用机理及模型构建——基于我国西部地区产业集群的实证研究 [J]. 财经问题研究，2014（3）：16-21.

⑤　叶光亮，程龙，张晖. 竞争政策强化及产业政策转型影响市场效率的机理研究——兼论有效市场与有为政府 [J]. 中国工业经济，2022（1）：74-92.

⑦　江涛. 基于区块链的产业政策变革：解析与前瞻 [J]. 学习与实践，2019（10）：42-53.

2020)①，但对于是否有必要实施的争论一直都在持续中，主要形成了支持实施与反对实施两大派别。

对于支持实施产业政策的依据主要是基于市场失灵和经济发展的理论来论证（周振华，1991）②。市场失灵论认为仅仅依赖市场无法使资源配置实现帕累托最优，因此政府应主动干预市场活动，以弥补其缺陷。约翰逊（1982）、南亮进（1992）等学者从不同角度对日本的产业政策做出了研究，他们均对日本的产业政策给予了比较好的评价和认可，认为日本经济之所以能快速得到发展，很大的原因归功于日本政府主动实施的产业政策干预手段，而这些政策促使日本的产业结构逐渐得到优化和升级，从而充分发挥了"后发优势"，在短时期内提升了其产业竞争力③④。达斯古普塔和斯蒂格利茨（1988）研究指出，通过运用贸易保护政策，将会给整个国家带来更多的福利，因而实施"幼稚产业保护"政策是正确的选择⑤。青木昌彦等（1998）研究认为，产业政策在经济发展的进程中具有促进其协调发展的功能⑥。哈佛大学丹尼·罗德里克教授（Dani Rodrik，1996）提出，对于发展中国家而言，由于市场机制并不成熟，经常存在着市场失灵现象，因而政府适度制定产业政策有助于弥补其缺陷，从而促进这些国家产业结构趋于合理⑦。后续的"霍夫曼定律""库兹涅茨增长论"等均为产业政策的实施赋予其有力的理论根基。学者西蒙（2010）对英国产业政策研究后指出，英国的经济需要在政府的主动干预下得到发展，而产业长足的发展更需要充分利用好政府的投资政策⑧。奥尔森提出"市场强化型政府"的说法，认为政府的基本职能就是促进国家经济健康、繁荣发展，因此产业政策是一种重要的制度安排（顾昕，2013）⑨。经济发展的

① 陈健，郭冠清. 论政府与市场的有效结合——兼析产业政策的适用性 [J]. 财经问题研究，2020（12）：22 – 30.
② 周振华. 产业政策的经济理论系统分析 [M]. 北京：中国人民大学出版社，1991.
③ Johnson C. MITI and the Japanese Miracle：the Growth of Industrial Policy，1925—1975 [M]. Palo Alto：Stanford University Press，1982.
④ 南亮进. 日本的经济发展 [M] 北京：经济管理出版社，1992.
⑤ Dasgupta Partha，Joseph Stiglitz. Learning-by-doing Market Structure and Industrial and Trade Policies [J]. Oxford Economic Papers，1988，40（2）：246 – 268.
⑥ 青木昌彦，金滢基，奥野—藤原正宽. 政府在东亚经济发展中的作用：比较制度分析 [M]. 北京：中国经济出版社，1998.
⑦ Dani Rodrik. Coordination Failures and Government Policy：A Model with Application to East Asia and Easkm Europe [J]. Journal of International Economics，1996（40）：1 – 21.
⑧ Lee S. Necessity as the Mother of Intervention：The Industrial Policy Debate in England [J]. Local Economy，2010（8）：622 – 630.
⑨ 顾昕. 政府积极干预主义的是是非非——林毅夫"新结构经济学"评论之二 [J]. 读书，2013（11）：36 – 45.

理论渊源主要是李嘉图的比较优势理论和李斯特的培育优势理论，均是从产业结构层面赋予产业政策的制定和推行非常强劲的理论支撑，这些理论提出，产业发展既需要政府有效配置自己国家的资源，同时也要求国家从国际宏观资源的视角对产业结构做出动态、合理的制度安排，避免市场失灵，从而使本国经济加速、赶超或缩小与他国经济发展的差距（江小涓，2014）①。但是产业政策需契合政府与市场关系的新定位，需要推动经济高质量发展，助推高水平开放型经济和参与国际竞争（吴昊和吕晓婷，2021）②。对我国而言，亦有多位学者对产业政策实施所带来的益处展开了许多的研究，如林毅夫等（2010）研究指出，不同国家其经济发展的每个进程中的产业结构实质上是有一定规律的，发展中国家可将发达国家成功的产业发展经验借鉴与模仿过来，为有前景的产业从政策层面铺路，引导其发展方向③。樊慧霞（2016）对税收政策从历史与理论层面论证了产业政策是否有效的问题，并提出，尽管产业政策是否有效一直存有争议，但若对税收政策做出恰当的选择就是有效的政策④。产业政策能促进商贸流通产业的发展，降低地区间差异性（张婷婷，2021）⑤。张国兴等（2017）通过对1052条节能减排类政策的测量，实证研究了节能减排政策与产业间的最优结合，结果表明：当与某个产业独立结合，其有效性较为明显，但当该政策与相关产业共同作用时，其政策效果则呈现反向效果，即政策不仅无效，却在反向上促进了增排⑥。产业政策可以从整体上促进对相关行业内的企业实现脱虚向实，在其机制上则是通过政府补助和银行信贷来促进企业脱虚向实（郭飞等，2022）⑦。

对实施产业政策持反对意见的学者认为，产业政策本质上是政府的主动干预行为，实施时会以其他部门的利益损失来推动或者约束实施对象的，而这种现象是与抑制和不平等有很大联系的，而且政府也存在干预无

① 江小涓. 经济转轨时期的产业政策——对中国经验的实证分析与前景展望［M］. 上海：格致出版社，2014.

② 吴昊，吕晓婷. 经济治理现代化与产业政策转型［J］. 吉林大学社会科学学报，2021（5）：19－29，235.

③ 林毅夫，巫和懋，邢亦青. "潮涌现象"与产能过剩的形成机制［J］. 经济研究，2010（10）：4－19.

④ 樊慧霞. 产业政策有效性之争与税收政策选择［J］. 税务研究，2016（12）：71－75.

⑤ 张婷婷. 从市场环境和产业政策谈我国商贸流通产业的地区差异［J］. 商业经济研究，2021（20）：5－8.

⑥ 张国兴，高晓霞，张振华，等. 产业协同是否有助于提升节能减排的有效性？——基于1052条节能减排政策的研究［J］. 中国管理科学，2017（3）：181－189.

⑦ 郭飞，马睿，谢香兵. 产业政策、营商环境与企业脱虚向实——基于国家五年规划的经验证据［J］. 财经研究，2022（22）：33－46，22.

效、干预方向或形式不当，甚至干预过度等，即失灵的现象，那么政府都无法使其推行的产业政策收获到预期中的效果，此时产业政策实施的结果可能会阻碍或进一步抑制市场的正常运行（詹姆斯·M. 布坎南，1988）[①]。鲁索等（Russo et al.，2011）从宏观角度对产业政策的有效性进行了研究，结果表明政府补贴政策经常效率较低，对于企业提升其竞争力作用不大[②]。布洛尼根（Blonigen et al.，2010）则认为，产业政策的实施对上游产业发展有益处，但是却将成本转嫁于下游产业[③]。我国亦有多位学者对产业政策持不同意见，不同类别的产业政策的影响有着明显的差异性（洪俊杰、张宸妍，2020）[④]。冯玉静和翟亮亮（2021）用准自然实验法检验产业政策对制造企业的影响与机制发现，产业政策可以促进制造企业服务化，但也可能通过降低投资收益率而抑制创新[⑤]。张纯和潘亮（2012）认为，我国受计划经济的影响，产业政策即使制定时有其客观合理性，但由于国情的特殊性，实际执行时由中央层层下放，地方政府为追求自身利益，执行中往往和中央存在着博弈的现象，因此产业政策制定初始的目的往往被大打折扣，且产业政策类型的不相同，效果差距也比较大，具有阶段性作用的特点，其有效性很难得以保证[⑥]。贸易政策与产业政策双重作用下会使中国出口企业遭受反倾销产品的频数加剧，实施单一的政策作用并不显著（顾振华，2020）[⑦]。陈冬华和姚振晔（2018）研究发现企业获得产业政策的支持会出现股价同步性下降[⑧]。阎晓莹（2017）研究认为，产业政策并没有促使产业发展至理想的目标，由于国际市场经常会影响到产业发展，因此以市场为主角、注重供需、刺激需求应是政策的正确入手

① 詹姆斯·M. 布坎南. 自由、市场和国家 [M]. 北京：北京经济学院出版社，1988.

② Russo C, Goodhue R E, Sexton R J. Agricultural Support Policies in Imperfectly Competitive Markets：Why Market Power Matters in Policy Design [J]. American Journal of Agricultural Economics，2011，93（5）：1328 – 1340.

③ Blonigen B A, Wilso W. Foreign Subsidization and Excess Capacity [J]. Journal of International Economics，2010（80）：200 – 211.

④ 洪俊杰，张宸妍. 产业政策影响对外直接投资的微观机制和福利效应 [J]. 世界经济，2020，43（11）：28 – 51.

⑤ 冯玉静，翟亮亮. 产业政策、创新与制造企业服务化——基于"中国制造 2025"准自然实验的经验研究 [J]. 科技进步与对策，2022，39（13）：114 – 123.

⑥ 张纯，潘亮. 转轨经济中产业政策的有效性研究——基于我国各级政府利益博弈的视角 [J]. 财经研究，2012（12）：85 – 94.

⑦ 顾振华. 贸易政策与产业政策双重作用导致对华出口制造业的反倾销 [J]. 世界经济研究，2020（9）：38 – 51，135.

⑧ 陈冬华，姚振晔. 政府行为必然会提高股价同步性吗？——基于我国产业政策的实证研究 [J]. 经济研究，2018（12）：112 – 128.

之处①。高玥（2020）研究了中国新能源汽车产业补贴政策发现，补贴政策总体上有着显著正效应，但补贴退坡提前实施则会产生负面的效应，对政策客体会有较强的不利影响②。

2.1.3　产业政策绩效与评价方面的研究

伴随学界对公共政策学科领域研究的持续与深入，作为其中的一个分支——政策绩效领域的研究也逐渐兴起并在不断深入进行之中。拉斯维尔和卡普兰（1970）在其著作中提出的政策要素之一：价值要素，其中就内涵着政策绩效的意思③。普勒姆詹德（1995）提出绩效就是政策推动部门或者机构所做出的产品和服务在质量、数量上的提升及其效率上的优化，即节约、效益、效率④。由此价值、公平、满意度和回应性等要素逐渐被纳入政策实施后的效果进行研究。邓恩（2002）将政策绩效理解为：政策执行后对于实施对象群体而言就是是不是迎合了目标对象的需求，在多大程度上满足了其价值与机会⑤。托马斯·戴伊（2008）从五个方面对政策绩效进行了分析，指出政策绩效主要是政策实施后所产生的影响，影响的对象包含目标群体、相关影响、未来影响、直接成本与机会成本⑥。陈振明（2003）提出政策绩效应主要从政策效益、政策实施的效率和价值三个方面出发⑦。詹姆斯（1990）认为，政策评价处于整个政策流程的最后，偏向于政策实施后的效果如何，即主要评价政策被执行后解决对象问题的程度⑧。沃尔曼（2007）认为，典型的政策评价是基于对社会影响的政策分析，其分析机理是借助对产业政策的因果关系分析从而进一步反映政策是成功还是失败的⑨。除对政策绩效内涵方面的研究外，更多的学者从实践环节对各类政策进行了分析研究，如范柏乃（2000）从企业获取一手数

---

①　阎晓莹. 开放经济条件下的产业政策有效性——来自光伏电池行业的经验证据［J］. 经济与管理研究，2017（4）：68 - 78.
②　高玥. 产业补贴退坡的政策效果及启示——以中国新能源汽车为例［J］. 软科学，2020（12）：28 - 32，46.
③　Lasswell H D，Kaplan A. Power and Society［M］. NH：Yale University Press，1970.
④　A. 普勒姆詹德. 公共支出管理［M］. 北京：中国金融出版社，1995.
⑤　威廉·N. 邓恩. 公共政策分析导论［M］. 北京：中国人民大学出版社，2002.
⑥　托马斯·戴伊. 理解公共政策：第十一版［M］. 北京：北京大学出版社，2008.
⑦　陈振明. 政策科学——公共政策分析导论：第二版［M］. 北京：中国人民大学出版社，2003.
⑧　詹姆斯·E. 安德森. 公共决策［M］. 北京：华夏出版社，1990.
⑨　H. Wollmann. Policy Evaluation and Evaluation Research：Theorg，Politics and Methods［M］. Boca Raton：CRC Press，2007.

据，将人才政策实施后对企业的影响程度分为 1 至 5 分，运用主成分法与均值比较展开了实证分析①。俞立平等（2018）研究发现，我国高技术产业政策绩效具有时间变迁特征，市场化进程会明显降低政策绩效，而企业效益、产业发展水平等则对政策绩效产业正向影响②。李胜会和刘金英（2015）从理论结合实践两个方面，对我国省级层级的新兴产业政策展开研究后提出了"非政策失败理论"，并将之运用实践进行分析后发现，优惠政策与投资、劳动力政策对比，后者的政策作用更为明显，但规划政策的作用并不显著，总体上产业政策还是起到了一定的作用，并不是失败的政策③。李强（2016）利用 8 年的企业微观数据，在理论探讨的基础上，实证分析了三类产业政策对企业绩效的影响，结果显示三类产业政策对企业均有着明显的促进作用④。智晓婷和何怡婷（2022）从政府规制角度分析出版产业对外贸易政策绩效，探讨政策从进入规制至重建的演进特征⑤。蔡绍洪等（2019）对创新政策测度后研究认为，创新政策与企业规模为负相关，中小企业在面对创新政策时机会大于挑战⑥。孟晓非（2017）对产业专利政策的绩效展开了区域性研究，结果表明，专利政策绩效因区域不同所呈现的绩效也不尽相同，其绩效特点表现为自东向西逐渐递减的趋势，且重视研发、轻视成果转化的问题较为突出⑦。

2.2　关于产业发展的相关研究

2.2.1　产业竞争力相关研究

产业竞争力是某产业能够持续、稳定发展的综合性能力，波特

①　范柏乃. 发展高技术产业人才政策实证研究 [J]. 中国软科学, 2000 (8): 62 – 66.
②　俞立平, 章美娇, 王作功. 中国地区高技术产业政策评估及影响因素研究 [J]. 科学学研究, 2018 (1): 28 – 36.
③　李胜会, 刘金英. 中国战略性新兴产业政策分析与绩效评价——"非政策失败理论"及实证研究 [J]. 宏观经济研究, 2015 (10): 3 – 13, 23.
④　李强. 产业政策、技术创新与企业出口绩效—基于不同产业集聚程度的分析 [J]. 世界经济研究, 2016 (5): 77 – 86.
⑤　智晓婷, 何怡婷. 出版产业对外贸易政策演进与绩效评估——基于政府规制视角的分析 (1992 – 2020) [J]. 出版科学, 2022 (1): 42 – 50.
⑥　蔡绍洪, 彭长生, 俞立平. 企业规模对创新政策绩效的影响研究——以高技术产业为例 [J]. 中国软科学, 2019 (9): 37 – 50.
⑦　孟晓非. 中国专利政策绩效区域差异及影响因素分析——以高技术产业为例 [J]. 中国科技论坛, 2017 (1): 103 – 108.

（1990）认为，产业竞争力表现为国家间抑或区域之间相同产业在彼此竞争中的能力，这种能力可以从其市场份额、产业盈利水平中予以表现出来，可以通过测算产业发展的规模和效率指标中得到[①]。拉特利夫（Ratliff，2004）对美、日的产业创新进行研究后指出，产业创新采取何种模式也就决定了该地区高新产业是否具备充足的竞争力[②]。塞尤姆（Seyoum，2013）以波特理论为基础，研究了全球60个国家的高新产业出口竞争情况，结果显示，某区域具备哪种优势要素条件对其绩效的贡献起着很重要的作用[③]。哈克勒（Hackler，2007）则认为区域所处位置的优劣对于提升高新产业的竞争有着很好的推动作用[④]。产业竞争力的准确衡量，对于厘清中美双边经贸关系中的地位有极大的作用，是决定未来中美关系新格局的重要因素（孔亦舒，2021）[⑤]。金芳等（2020）从新旧动能转换角度对山东制造业竞争力研究发现，获利能力是产业竞争力的主要表现，但研发投入等对竞争力的提升并不明显[⑥]。更多的学者针对某地区的产业竞争力进行了研究，如孙志红和李娟（2017）以丝绸之路的西北段区域为样本，对金融供给与绿色产业发展间的关联展开了较为深入细致的研究，发现两者间具有很好的匹配度，其中陕西的贴近度具首位[⑦]。刘斐等（2019）对中国谷子产业竞争力进行了空间分析，结果显示：区域间差异性比较明显，具有高高、低低集聚的显著特征，东北有绝对的竞争优势[⑧]。

2.2.2 产业发展绩效评价相关研究

关于产业发展绩效评价相关的研究，学者较多地从产业竞争、资源与

---

① 迈克尔·波特. 国家竞争优势 [M]. 李明轩，邱如美，译. 北京：华夏出版社，2002.

② Ratliff J M. The Persistence of National Differences in a Globalizing World：the Japanese Struggle for Competitiveness in Advanced Information Technologies [J]. Journal of Socio – Economies，2004（33）：71 – 85.

③ Belay Seyoum. The Role of Factor Conditions in High-technology Export：an Empirical Examination [J]. Journal of High – Technology Management Research，2013，15（1）：145 – 162.

④ Darrene Hackler. Cities in the Technology Economy [J]. Growth & Change，2007（9）：519 – 521.

⑤ 孔亦舒. 区分企业异质性的中美产业竞争力比较研究 [J]. 宏观经济研究，2021（9）：161 – 175.

⑥ 金芳，苏倩，梁益琳. 山东制造业细分产业竞争力分析——基于新旧动能转换视角 [J]. 经济与管理评论，2020（3）：152 – 164.

⑦ 孙志红，李娟. 丝路带西北段区域金融供给与绿色产业发展匹配问题研究 [J]. 工业技术经济，2017（1）：102 – 107.

⑧ 刘斐，李顺国，夏显力. 中国谷子产业竞争力综合评价研究 [J]. 农业经济问题，2019（11）：60 – 71.

环境等协调发展的角度来构建并评价产业发展的绩效如何。由荷兰格岭根大学构建的 ICOP 产业竞争评价体系（International Comparison of output and productivity，ICOP）是现在世界各国均比较认可的评价方法之一，该方法从价格水平、发展质量、发展效率等几个层面，以对比的方式来分析各区域的产业发展情况①。戈斯等（Goss et al.，2005）从企业规模、产业发展规模和市场规模三个层面对高新与非高新产业的发展绩效进行了分析对比，结果显示，这两类产业在这三个层面上均有着显著的差异性，继而为如何更好地促进高新产业的发展指明方向②。宋德军和周彤（2013）认为绿色食品产业具有国际性的竞争力要以地区比较优势为基础，并且提炼出来的指标要能够从动态的角度反映出食品产业竞争力，通过对指标的分析能够进一步追寻到其欠缺之处，因而提出对于绿色食品其产业竞争力评价应从产业要素、需求结合企业运营和同行业间的竞争要素及其与之相关的支撑要素作为评价的维度③。宋国宇等（2016）从产业发展规模的角度进一步对有机食品进行了研究，认为尽管该地区产业规模有所扩张，但其产业出口的绩效并不尽如人意④。马永军（2019）着眼于中国战略性新兴产业发展绩效，从全要素生产率视角研究指出：中部和西部战略性新兴产业的全要素生产率指数呈较大的增长幅度，但东部则小幅下降⑤。万丛颖和徐健（2012）从发展规模、发展效率入手，构建了新兴产业的发展评价框架⑥。李佳等（2020）从经济发展水平视角研究认为，技术投入要素在不同地区投入相同创新要素时对创新绩效的影响尤为明显⑦。杨瑾等（2021）运用熵权法，从政府投入、经济产出、社会与生态绩效四个维度对湖南油茶产业进行绩效分析，各维度指标对产业绩效的影响程度差异较大⑧。陈文

---

① 李梦觉. 基于 ICOP 法的工业竞争力评价研究 [J]. 统计与决策，2009（1）：50 – 53.

② Goss E，Vozikis G S. High-tech Manufacturing：Firm Size，Industry and Population Density [J]. Small Business Economics，2005（2）：291 – 297.

③ 宋德军，周彤. 黑龙江省绿色食品产业国际竞争力评价指标的选择及模型构建研究 [J]. 商业经济，2013（8）：7 – 9.

④ 宋国宇，赵莉，康粤. 黑龙江省绿色（有机）食品出口发展效率评价研究 [J]. 农业经济与管理，2016（1）：45 – 54.

⑤ 马永军. 中国战略性新兴产业发展绩效分析——兼论产业政策的重要性 [J]. 生产力研究，2019（8）：8 – 12，161.

⑥ 万丛颖，徐健. 我国区域战略性新兴产业的发展评价 [J]. 现代管理科学，2012（6）：82 – 84.

⑦ 李佳，王丽丽，王欢明. 不同经济发展水平下创新要素对产业创新绩效的影响及政策启示 [J]. 科技进步与对策，2020（7）：52 – 58.

⑧ 杨瑾，王忠伟，庞燕. 基于熵权 TOPSIS 法的油茶产业发展绩效评价 [J]. 中南林业科技大学学报，2021（12）：168 – 177.

锋和刘薇（2016）不再仅从规模、发展速度等简单的指标去评价产业发展，而是从产业的导向、联动、市场、创新化与发展效益五个方面构建了17个二级指标，综合评价产业发展的质量，并分东部、中部、西部进行了实证分析，分析结论显示为：东部地区综合质量居于首位，但在创新方面"掉队"，中部地区尽管创新走在前头，但缺乏市场开拓，西部地区近几年积极发展特色产业，但产业却表现"冷淡"①。

2.3 关于特色产业的相关研究

特色产业实际是从产业的地域性分工着手，强调各地借助本土的优势对相关产业所进行的选择和安排。关于特色产业的国外研究，主要体现在相关经济理论的研究中，而我国在20世纪后期至21世纪初期，特色产业的探讨慢慢进入学者们的研究领域之中。

2.3.1 特色产业性质、特征等一般性理论研究

诚然，在地区间自然禀赋不同的基础上逐渐形成的生产优势与产品交换是特色产业产生的现实性前提条件，而比较优势理论的相关研究则是形成其的理论依据。大卫·李嘉图（1817）基于斯密（1776）② 绝对优势理论之上发展出了比较优势理论，指出国际贸易的形成应考查生产的相对优势而不是绝对差异，贸易行为是在产品具备比较优势的前提下产生的③。胥留德（2002）研究后提出，特色产业应基于充分利用本地资源，并从资源要素的合理化引导出发，运用综合因素的比较优势，创造与培育好"特色"是产业发展的核心要点④。唐志强和王丁宏（2010）从县域视角研究了特色产业的选择标准，认为产业是否为特色，应从产业独特性、规模性、专业化、效益性四个方面来评价⑤。在当前地方政府竞争状态下，各

---

① 陈文锋，刘薇.区域战略性新兴产业发展质量评价指标体系的构建［J］.统计与决策，2016（2）：29 - 33.
② 亚当·斯密.国民财富的性质和原因的研究［M］.北京：商务印书馆，2014.
③ 大卫·李嘉图.政治经济学及赋税原理［M］.北京：华夏出版社，2005.
④ 胥留德.论特色产业的选择［J］.经济问题探索，2002（11）：15 - 18.
⑤ 唐志强，王丁宏.县域特色产业选择的指标体系构建［J］.统计与决策，2010（6）：75 - 77.

地方政府干预产业布局的差异化特色产业政策并未使产业同构化，而是促进了地区分工，实现了产业差异化的发展（马草原等，2021）[①]。

2.3.2 特色产业选择、竞争力与措施等研究

迈克尔·波特（2002）使用产业集群词汇对集聚现象进行了阐述[②]，并指出原来的劳动力、资源、资本等要素所产生的作用已逐渐趋弱，主要转向为产业优势与企业创新两个方面，而对于某些特定的产业其竞争优势更多地体现在要素供给与需求、产业结构与竞争、相关性产业与企业战略等几个要素上，这些要素是区域产业发展与国家竞争力的重要基础。阿尔伯特·赫希曼（1958）提出，发展中国家面对资源稀缺的困境，需将有限的资源有所选择地投入一些特定的产业中，从而使这些稀缺资源最大化地产生最佳效果[③]。霍利斯·钱纳里等（1986）将资源要素禀赋视为对经济结构影响比较重要的因素，并提出发展中国家转变结构所产生的经济效果更为重要[④]。绿色发展成为全球与世界经济发展"新常态"，边疆地区可以选择特色产业来助力实现"兴边富民"的目标（郭景福、蓝广荣，2021）[⑤]。特色产业的特色在于"特"字，在结合传统人工识别的基础上，要凭借数字化、智慧化等现代高科技手段找准产业特色，完成产业整合（李伯华等，2021）[⑥]。马楠（2016）从价值分析的视角，探讨分析了特色产业对民族区域精准扶贫的重要性，认为提升产业对扶贫的贡献其关键之处在于精准定位、稳态发展、成果保护，继而从产业扶贫创新、机制与措施三个层次出发给出了路径[⑦]。郭景福和解柠羽（2016）则从生态视角分析了特色产业持续、协调性发展的路径问题[⑧]。郑宇（2020）认为边疆地

① 马草原，朱玉飞，李延瑞. 地方政府竞争下的区域产业布局 [J]. 经济研究，2021（2）：141 – 156.

② 迈克尔·波特. 国家竞争优势 [M]. 李明轩，邱如美，译. 北京：华夏出版社，2002.

③ 阿尔伯特·赫希曼. 经济发展战略 [M]. 北京：经济科学出版社，1991.

④ 霍利斯·钱纳里，谢尔曼·鲁宾逊，摩西·赛尔奎因. 工业化和经济增长的比较研究 [M]. 上海：格致出版社，2015.

⑤ 郭景福，蓝广荣. 边疆民族地区发展机制及特色产业富民路径优化 [J]. 中南民族大学学报（人文社会科学版），2021（9）：41 – 46.

⑥ 李伯华，李雪，陈新新，等. 新型城镇化背景下特色旅游小镇建设的双轮驱动机制研究 [J]. 地理科学进展，2021（1）：40 – 49.

⑦ 马楠. 民族地区特色产业精准扶贫研究 [J]. 中南民族大学学报（人文社会科学版），2016（1）：128 – 132.

⑧ 郭景福，解柠羽. 生态视角下民族地区特色产业发展路径研究 [J]. 云南民族大学学报（哲学社会科学版），2016（1）：151 – 154.

区应利用自然资源，重视选择以主导优势产业与旅游业为主的特色产业，注重创新，挖掘潜力①。郭景福和夏米斯亚·艾尼瓦尔（2020）提出对"三区三州"可选择推进特色产业高质量发展来实现地区的持续减贫②。田川颐（2019）认为政府提出并实施的产业政策对特色产业发展作用明显，但特色产业的持续发展应注重向产业政策的法制化进阶③。王大明（2017）论述了发展特色产业对于贫困地区的扶贫攻坚意义重大，其意义体现在：资源优势得到利用、居民收入得以提高、市场竞争得到提升等④。

2.3.3　特色产业与区域间发展不均衡研究

弗朗索瓦·佩鲁（1955）提出，政府应主动对区域发展布局，通过具有创新能力的企业和相关政府部门的干预构建经济增长点，从而带动经济发展落后地区。赫尔希曼指出，发展中国家由于多种因素的限制，经济发展并不适用平衡增长，而是应通过优先发展部分重点产业、部门，从而带领其他产业、部门，进而应对发展中国家贫困问题（夏锦文、张鑫，2004)⑤。罗斯托（1960）提出，经济中领先主导产业的出现是经济起飞并促使带动相关部门发展的要素条件之一，从而为特色产业提供了发展的理论支撑（魏志奇，2014)⑥。特色产业源于本地资源禀赋，有较好的发展基础与实现产业融合式发展的优势，要以特色产业构建特色经济，引领农村农业融合发展（郝华勇，2018)⑦。产业兴旺是乡村振兴的物质基础，席吕思（2020）以恩施巴东县为例进行研究，认为发展特色产业是针对性贫困减弱的重要措施之一⑧。赵欣和刘艳

① 郑宇. 当前中国边疆民族地区经济发展态势与突显问题解析 [J]. 西南民族大学学报（人文社科版），2020（3）：1-7.

② 郭景福，夏米斯亚·艾尼瓦尔. "三区三州"减贫与发展的多维路径与对策探析 [J]. 民族学刊，2020（6）：9-16，151.

③ 田川颐. 贵州省白旗村韭黄产业实证研究——兼论产业政策法制化对民族地区特色产业的促进 [J]. 贵州民族研究，2019（11）：130-135.

④ 王大明. 发展特色产业是贫困地区精准扶贫的有效方式——以四川广元市为例 [J]. 西华师范大学学报（哲学社会科学版），2017（1）：92-95.

⑤ 夏锦文，张鑫. 从耗散结构论看赫尔希曼的不平衡增长理论 [J]. 西安建筑科技大学学报（社会科学版），2004（4）：38-41.

⑥ 魏志奇. 罗斯托的增长阶段理论及其对发展中国家转型的启示 [J]. 成都行政学院学报，2014（4）：11-14.

⑦ 郝华勇. 基于特色产业的乡村产业振兴研究——以中医药产业带动一二三产业融合为例 [J]. 天津行政学院学报，2018（6）：74-81.

⑧ 席吕思. 乡村振兴背景下农村特色产业推动贫困地区发展路径研究——以恩施巴东县为例 [J]. 特区经济，2020（12）：97-99.

（2020）等多位学者针对不同地区对特色产业进行了实证研究①。蓝庆新和韩萌（2017）又对青海特色产业如何更好地融入丝绸之路的问题、机制与对策进行了深入的分析②。王业强等（2019）在对江西特色小镇调研后提出，特色小镇特色产业规划应科学统筹布局，注重工、农、游各显特色，以比较优势带动产业链延伸③。黎杰松和李键江（2021）研究认为，特色产业是产业兴旺的重点，民族地区发展以特色产业实现高质量发展对加快乡村振兴意义重大④。

2.3.4 样本地区特色产业研究

张芳（2014）提议宁夏通过在各地布局特色产业，从而达到"就地城镇化"的目标⑤。张煜和张杰（2013）等学者则从法律环境的角度阐述了如何有效推进宁夏特色产业的发展⑥。黄亚玲和李晓瑞（2018）对宁夏特色产业发展数量和质量方面进行了分析评价⑦。刘俭和黄婷（2013）以中宁枸杞合作社作为例子，论述了农业合作社将会在增加农民收入、减少风险、提高产品品牌等方面提升宁夏特色产业的发展⑧。吴冬梅（2017）认为，宁夏以多维发展的思路，依据各地资源优势布局特色产业，达到精准扶贫的目标⑨。黄亚玲等（2020）提出以创新驱动带动宁夏特色产业高质量发展的路径与措施⑩。

① 赵欣，刘艳. 内蒙古库伦旗农牧业特色产业扶贫模式与经验 [J]. 农业经济，2020（9）：21 - 22.
② 蓝庆新，韩萌. 青海特色优势产业融入丝绸之路经济带建设的促进机制和政策建议 [J]. 西北民族大学学报（哲学社会科学版），2017（1）：135 - 140.
③ 王业强，孙硕，张璐璐. 以生态文明理念推进江西特色小镇建设——来自江西国情调研基地的思考 [J]. 生态经济，2019（10）：94 - 100.
④ 黎杰松，李键江. 乡村振兴视域下民族地区特色产业高质量发展研究 [J]. 学术交流，2021（9）：96 - 109.
⑤ 张芳. 宁夏：布局特色产业 实现"就地城镇化" [N]. 中国经济时报，2014 - 07 - 28.
⑥ 张煜，张杰. 宁夏：用知识产权增强特色产业竞争力 [N]. 中国电子报，2013 - 07 - 26.
⑦ 黄亚玲，李晓瑞. 宁夏"1 + 4"特色产业增长及其质量分析 [J]. 宁夏农林科技，2018（12）：79 - 82.
⑧ 刘俭，黄婷. 农民专业合作社对宁夏特色产业发展的推动作用——以中宁枸杞合作社为例 [J]. 农业科技管理，2013（3）：63 - 65.
⑨ 吴冬梅. 宁夏特色产业精准扶贫的发展研究 [J]. 经营管理者，2017（5）：58 - 59.
⑩ 黄亚玲，李晓瑞，达海莉. 以创新驱动宁夏特色农业高质量发展 [J]. 宁夏农林科技，2020（7）：40 - 43，59.

2.4 文献述评

上述研究从不同视角、不同地区、不同产业对产业政策、产业发展绩效及其绩效评价进行了深入的理论与实证研究，表明相关研究已经逐渐趋向系统化。例如，关于产业政策的分类研究、推动产业发展的有效性、产业发展及其特色产业概念、选择与竞争力的提升等方面的研究，目前已经形成了许多具有代表性的论点与论据，这些研究赋予了本书研究比较详实、丰富的素材。同时，有关产业政策、产业发展绩效的测量及其与之相关的争论，不仅为本书的后期开展提供了很好的文献支撑与理论知识，从而为凝练西部地区区域特色产业政策测度指标与特色产业发展绩效指标体系提供了借鉴，而且也为后续有关实证分析的结果解读也提供了一个可资借鉴的思路。

然而，仔细梳理上述相关研究仍发现其中存在着不完善与不足之处。

首先，对产业政策的研究中，学者们较为一致地认可产业政策是政府以行政命令的形式在各产业之间实施要素的投入与分配，且可以基于市场机制发挥一定的作用，以期望借助产业政策来促进经济得以快速发展。但已有研究中根据实际资料进行计量分析的成果较少，并且分析中对各政策变量的作用与测量亦缺乏充分论述，尤其是对于产业政策中各测量变量对政策所产生的重要性方面的实证分析比较欠缺，且有关产业政策分析的文献片面化研究亦较多，为数不多的关于产业政策的文献也多集中于对政策的梳理、解读等方面，而对于各政策变量系统的定性结合定量化实证分析的文献并不多，尤其是缺乏区域性特色产业方面的文献。但是，若能对产业政策，尤其是针对区域性特色产业中各政策测量变量对产业政策所产生的重要程度进行实证与分析，不仅更能清晰地梳理出目前区域特色产业政策的不足之处，同时也是未来产业政策如何针对性制定的关键所在，本书正是基于此薄弱点展开研究。

其次，对于产业发展方面的研究，上述研究多关注单一视角下的产业发展，对于特色产业的研究也多从定性描述或者简单的统计分析着手，或者单纯从产业发展对经济增长的促进作用出发提炼评价指标进行分析，而缺乏产业尤其是区域性（欠发达地区）特色产业发展数量结合质量方面的综合性指标分析体系，且对欠发达地区关注度不够，这与我国强调全面协调、持续发展的理念并不相符。另外，对于产业的发展分析，不仅要分析其数量发展情况如何，也要对产业发展质量状况予以关注，即不但要对产业发展的数量指标予以重视，而且要对产业发展的质量指标更加关注。因此，本书通过构建西部地区特色产业发展的数量和质量指标体系，并建立结构模型，对西部地区区域特色产业发展绩效进行分析，揭示各个绩效要素对区域特色产业绩效的贡献情况，从而从综合性的角度对区域特色产业发展展开客观、全面的分析。

最后，上述研究中关于产业政策实施后对产业发展产生的影响情况，尤其是产业政策分别对区域性特色产业发展的直接影响效应、对产业发展各绩效要素的影响情况与具体的影响程度方面的研究比较薄弱，现有不多的研究也多聚焦于对产业政策效应的测量方面。鉴于此，本书将产业政策与产业发展绩效相结合，对产业政策实施与西部地区区域特色产业的绩效展开定性分析与定量研究，围绕产业政策测量与产业政策实施绩效（即产业的发展）展开分析思路，依据区域经济学、发展经济学、持续发展等相关理论，运用统计调查分析、比较分析、定量分析等方法，在梳理并分析样本地区特色产业政策体系及其政策实施后对样本地区特色产业绩效影响的描述性分析基础之上，进一步通过构建区域特色产业发展绩效结构模型、产业政策实施对区域特色产业发展绩效影响效应模型，探讨区域特色产业发展情况、各绩效构成要素对区域特色产业绩效的重要程度、产业政策实施对区域特色产业绩效影响的具体程度，进而结合实地调研，从实践中寻找影响产业政策实施过程中的问题关键点，本书不仅从理论层面拓展了产业政策的相关研究，更从实践环节为西部地区区域特色产业的持续发展提供了经验理论与实践检验的证据，希望为促进西部地区区域特色产业持续发展提供可行之策。

第 3 章

样本地区特色产业政策体系
概括与实施绩效分析

本章主要是在基于样本地区——宁夏特色产业发展的现实状况与产业政策体系进行概括性分析之上，围绕产业政策实施对宁夏特色产业的绩效影响情况，从描述性统计的视角出发，根据产业政策对宁夏特色产业影响的直接效应状况与实际作用状况两方面作出分析，从而对样本地区特色产业发展现状、产业政策现状与实施绩效情况有初步的掌握，也使得后续研究建立在现实状况的基础上展开实证性分析。

3.1 样本地区特色产业发展现状与政策体系概述

3.1.1 样本地区特色产业发展现状

近几年宁夏按照区域产业布局，坚持以优势产业来促进区域经济，发展特色产业也一直被作为宁夏一项重要的战略任务，因而在产业发展的资金和政策上给予了积极的支持，加之宁夏特色产业与周边地区交流与合作的逐步深入，更是助推了宁夏特色产业的快速发展，产业链不断得以延伸，产业综合效益、竞争力逐年攀升。统计数据显示，2008 年宁夏特色优势产业产值是 104.91 亿元，2015 年达到了 269 亿元，2019 年产值占比达到了 87.4%，年均增长速度 25% 左右，增长了 2 倍左右。从农产品转化率来看，2008 年是 48%，2021 年提升至 69% 以上，达到了产业规模、效益均以两位数增长的"量效齐增"的喜人效果，区域公用品牌也逐渐发展出了盐池滩羊、固原黄牛等 6 个品牌，有机农产品 41 个，而"三品一标"

认证也达到了 186 个，从而为区域经济的发展做出了重要的贡献，宁夏特
色产业发展逐渐进入了迅速、稳健的发展轨道①。

3.1.1.1　产业规模扩大，产量进一步增长

特色产业一直是宁夏主推的重点发展项目，近几年在政府加快产业优
化升级的大力支持下，发展更是非常迅速，其整体发展呈现出快速的增长
势头。以特色食品企业数量为例，截至 2020 底，宁夏各类特色食品企业
经营户达到 1.6 万家左右，在业人数大于 30 万人，其中生产、加工类企
业超 3000 多家（不包括餐饮、流通业等）②，相比 2006 年，企业总数增长
了近 100 倍左右，产值达到了年均 20% 的增速，占到了宁夏全部食品工业
80% 左右的比重，其增速远快于宁夏 GDP 的年平均增速。图 3.1、图 3.2
是截至 2020 年宁夏各地区特色食品生产、加工类企业的情况。

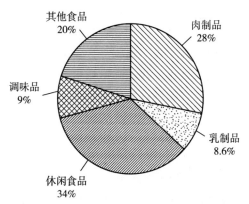

图 3.1　样本地区特色食品生产、加工类企业业务经营数量占比情况
资料来源：根据宁夏各地市食品监管部门相关资料整理。

由图 3.1 可知，经营传统糕点、豆品等休闲食品加工类最多，达到了
1 千家左右，占到了全部特色食品生产加工类企业总数的 34%，其次是市
场需求量大、且较能体现宁夏特色的牛羊肉制品与其他食品生产加工类企
业，分别占到了全部特色食品企业的 28% 与 20%，乳制类企业最少，占
比 8.6%，形成了以伊品生物、伊利乳业、夏进乳业等产值超过 10 亿元的
企业群。

---

① 根据 2009~2020 年宁夏政府工作报告、统计年鉴相关数据整理。
② 根据宁夏各地市食品监管部门相关资料整理。

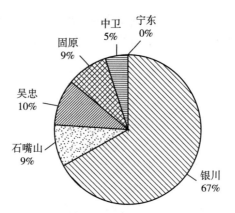

图3.2　样本地区特色食品生产、加工企业地区比重

资料来源：根据宁夏各地市食品监管部门相关资料整理。

　　从特色食品企业所处地区来看，银川和吴忠两地的特色食品产业发展速度比较明显，占到宁夏食品经营企业总数的75%以上，其经营的特色食品已达到六十多个品种，涉及牛羊肉制品、乳品等多个系列，产品不仅在国内十多个大中城市进行销售，在国际市场也已经打开了销路，其中银川市作为省府城市，在政府各项利好政策的扶持下，借助其人文与资源竞争优势，特色食品产业发展势头强劲，成为银川市的特色优势支柱产业，从事特色食品的企业占到了全部特色食品企业的67%。而吴忠特色食品企业也占到了宁夏特色食品企业的10%。除了宁东地区外，中卫市所占据的份额最小，仅占到了5%，如图3.2所示。

　　不仅生产企业数量在稳定增长，其产量也在显著提升。以宁夏主导特色产业之一枸杞产业为例，2006年，其栽种面积是44.5万亩，总产量5万吨，总产值15亿元左右，到2020年底，其栽种面积达到35万亩，鲜果产量26万吨，枸杞综合总产值更是达到了210亿元，14年时间，宁夏枸杞栽种面积尽管有所缩小，但其综合产值则提高了约13倍，加工转化率达到25%。据宁夏现代枸杞产业高质量发展"十四五"规划，2025年枸杞种植面积将稳定在70万亩左右，鲜果产量将达到70万吨，产值预计实现500亿元以上[1]。产业信息网对宁夏枸杞产业现状的相关统计数据显示，2020年宁夏出口枸杞数量接近4470吨，出口同比增长13.8%，出口金额3937.4万美元，实现同比增长幅度超过18%，出口的国家已

---

[1]　根据宁夏林业和草原局相关数据整理。

超 40 个，出口市场位居全国第一位，数量可谓巨大，正引领我国枸杞产业的发展①。作为宁夏另一特色产业——优质粮食产业也成绩斐然，产量稳定增长，2020 年粮食产量 380 万吨②，相比 2010 年的 252.7 万吨增长了 50%，年平均增长率达 5%，马铃薯产业规模与产量也在快速增长中，作为我国主要的马铃薯生产地，宁夏的产量占据了我国总产量的三分之一③，2020 年其种植面积 142.66 万亩，产量（折粮）41.54 万吨，相比2019 年增长了 5.3%，占整个粮食产量的 10% 左右，12 家主食加工企业总销售量 1.63 万吨，销售总收入突破 1.8 亿元④。除此，果蔬、小杂粮、羊绒等其他特色产业也在进一步提高，从而以发展特色产业达到乡村振兴与脱贫攻坚有效衔接的目标。

3.1.1.2　产品结构多样化，产业聚集显著，工业园区推动作用明显

宁夏特色产业发展速度不断提升的同时，产品结构也日趋多样化，形成了不同特色的产业带，产业链条不断延伸，产品结构更加趋于合理。根据本书对宁夏特色生产企业调研，其调研企业的主营业务情况如图 3.3 所示。

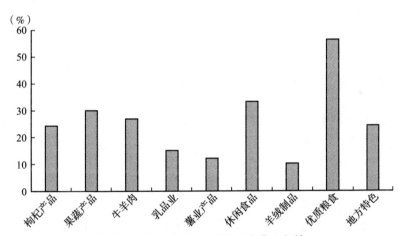

图 3.3　样本地区特色生产企业主营业务情况

---

① 2020 年宁夏枸杞产业现状分析：出口数量逐年增加 [EB/OL]. (2021 – 05 – 30). https://www.chyxx.com/industry/202105/954050.html.

② 国家统计局关于 2020 年粮食产量的数据公告 [EB/OL]. (2020 – 12 – 10). http://www.stats.gov.cn/tjsj/zxfb/202012/t20201210_1808377.html.

③ 2019 年中国马铃薯产业发展现状分析：中国是世界马铃薯总产最多的国家 [EB/OL]. (2020 – 07 – 22). https://www.chyxx.com/industry/202007/883616.html.

④ 根据宁夏林业和草原局相关数据整理。

　　由图 3.3 可知，宁夏特色生产企业主营业务主要覆盖了九大种类，尽管每种产品的产量、产值等增长程度并不均衡，但却表明宁夏特色产业经过几年的发展，产品结构日益趋于多样化，而且企业品牌实力也逐渐在增强，如同心圆枣、塞外香、灵武长枣、杞动力等 57 个商标被评为中国驰名商标，宁安堡、伊品、伊味等 190 余个商标被认定为宁夏著名商标①。

　　不仅如此，宁夏特色产业聚集效应也日益显著，竞争力日趋增强。以盐池、灵武、同心及其海原为主形成的牛羊肉产业带已经成长为宁夏最具品牌的特色产业，并正在以喜人的成绩引领着宁夏区域经济的发展。2020 年，宁夏中地畜牧养殖、中垦天宁牧业、宁夏新澳农牧、六盘山牧业有限公司成为国家级畜禽养殖标准化示范场，有 40 多家企业成为自治区养殖标准化示范场。2018 年，牛羊当年出栏数相比 2000 年增长了 154.82%，突破了 630 万只。牛羊肉产量也以飞快的速度持续增长，2020 年牛肉羊产量 22.53 万吨，相比 2000 年增速超过 2 倍之多，同比增长达 3%，其产量占肉类总产量的比率达到 67%，人均牛羊肉产量位列全国第三。在产业布局上逐渐形成以纳家户、涝河桥等为主的牛羊肉市场，年均屠宰牛羊达 1080 万只左右、加工牛羊肉 30 万吨左右，产品不仅早已被北、上、广等大城市所接受，而且突破了国内市场成功进入了中东等国际市场。与此趋势相一致的是宁夏乳产业，2020 年乳品产量达到了 215.34 万吨，同比增长 17% 左右，占全国总乳品量的比率相比 2010 年的 3% 提升至 2020 年的 6%，年平均增长率达 10%，高出全国平均水平②。乳品产业在布局上以吴忠市、银川市为核心，辐射至石嘴山市和中卫形成奶牛产业带。而以"宁夏红"为龙头企业的中宁枸杞产业集团公司，从种植、加工到产品开发、销售一体的产业链条使得中宁成为全国枸杞的集散地，年加工生产能力达到 10 万吨以上，枸杞加工转化率超 20%，出口量占到了全国的 65% 以上，早在 2016 年 9 月，以宁夏早康枸杞股份有限公司为依托建立的宁夏枸杞产业专家服务基地就已经成为国家级专家服务基地③；以宁夏南部淀粉生产加工、鲜薯及其宁夏中部区域的鲜食薯生产与加工为主的马铃薯产业是全国马铃薯优势生产区域，鲜薯单位面积产量 2020 年位居西部第三位，相比全国平均水平高出 13%④，作为西部区域马铃薯产业淀粉加工

---

　　① 银川市再增 2 件中国驰名商标［EB/OL］.（2019 – 03 – 20）. http：//www. yinchuan. gov. cn/xwzx/zwyw/201903/t20190320_1323776. html.

　　② 根据宁夏 2001 ~ 2021 年统计年鉴、政府工作报告等相关数据整理。

　　③ 宁夏枸杞产业专家服务基地升级国字号［N］. 宁夏日报，2016 – 10 – 03.

　　④ 数据来源于中国农村统计年鉴（2021）。

类及其种薯生产的要地，2020 年农产品加工转化率更是增加到了 69%，与 2012 年相比提升了 13 个百分点，发展势头强劲①。

特色工业园区的建设，对宁夏特色产业的发展发挥出了非常重要的推动作用。目前宁夏建设了 23 家工业特色产业园，成为特色产业发展的重要载体，例如，银川的贺兰工业园和吴忠的金积工业园区入驻了上千家生产经营企业，产业聚集显著加速，如大北农、伊利乳业、恒枫乳业、夏进乳业、麦尔乐、双维绒口等龙头企业，培育了"厚生记""百瑞源""金河乳业"等国家级和自治区级的驰名商标，截至 2019 年末，贺兰工业园区规模以上企业其总产值达到了 86.6 亿元，同比增长 21% 左右，税收总额达 12.58 亿元；六盘山工业园 2015 年工业总产值 3.2 亿元，工业增加值达 0.8 亿元，利润 2000 余万元，吸收就业人数 1540 人，截至 2019 年 12 月底，其总产值达 3.54 亿元，实现税金突破 700 万元，就业人数则超过 2200 余人，效应加速比较明显②。以宁夏特色产品为主的电商平台——灵武电子商务产业园更是吸引了诸如京东、邮政物流、圆通快递等诸多企业的入驻，网商数达到 462 家，网上店铺 48 家，周边农产品销售额已突破 5000 万元，带动了 1.3 万人家门口就业③，产业园区对整个宁夏特色产业的推动作用十分明显。

3.1.1.3　龙头企业快速发展，效益提升显著

龙头企业对于整个产业的发展具有极强的引导作用，是推动产业创新的重要主体，同时对于区域经济的贡献也是非常巨大的。近几年来，宁夏响应国家关于《国务院关于支持农业产业化龙头企业发展的意见》，极力发挥龙头企业的引领作用，自 2019 年宁夏昊王米业、晓鸣农牧、九三零生态农牧、固原宝发农牧等 5 家农业企业获批农业产业化国家重点龙头企业后，第七批农业产业化国家重点龙头企业中又有 4 家企业榜上有名。截至 2021 年底，宁夏农业产业化国家重点龙头企业数量取得了 28 家的好成绩④，自治区级命名的第十批农业产业化重点龙头企业也达 385 家⑤，如

---

① 我区农产品加工发展势头强劲［EB/OL］.（2021 - 10 - 26）. http：//nynct. nx. gov. cn/xwzx/zwdt/202110/t20211026_3105694. html.
② 根据宁夏统计局工业园经济发展报告相关数据整理。
③ 灵武市电商带动 1.3 万人家门口就业［N］. 银川日报，2021 - 03 - 16.
④ 宁夏四家企业晋升"国家级"［EB/OL］.（2022 - 01 - 02）. https：//www. 163. com/dy/article/GSN8HTSM05373T6D. html.
⑤ 关于拟推荐命名第十批自治区农业产业化重点龙头企业公示［EB/OL］.（2021 - 04 - 06）. http：//nynct. nx. gov. cn/zwgk/zfxxgkml/gsgg/202104/t20210406_2698504. html.

宁夏广银米业、东君乳业、草原阿妈、广玉面粉、伊康元生物等。产业布局突出，龙关企业的拉动作用比较明显，如优质粮食产业一直是宁夏优质特色产业之一，2017 年 32 家大米龙头企业年均销售量已达 35 万吨以上，实现了"串起大米产业链"；2020 年，昊王米业则签订了优质水稻种植面积 2.6 万亩。在宁夏枸杞产业高质量发展的大背景下，中宁市枸杞龙头企业带领中宁枸杞产业，在 2020 年取得了鲜果销售量 1000 多吨、加工转化率 30%、综合产值 102.3 亿元、枸杞区域品牌价值 190.32 亿元、解决就业 10 多万人等多项好成绩①。2020 年，宁夏农产品出口值稳步上升，总值达 10.9 亿元，同比增长了 37.2%，其中宁夏枸杞出口占到了全国枸杞出口值的比重接近 40%，位居全国第一②。2020 年 11 月举办的第十八届中国国际农产品交易会中，吴忠牛乳、西吉马铃薯、泾源黄牛肉等 42 家、18 个宁夏地理标志农产品在交易会上展示，现场签约接近 90 万元、合作意向总金额 2700 多万元，更进一步助推了宁夏特色产业的品牌知名度③。2019 年特色农产值占农业产值的比率是 87.4%，相比 2012 年增加了近 3 个百分点，龙头企业所充当的产业领军角色正日益突显，宁夏特色产业呈现良好的发展态势。

3.1.2　样本地区特色产业政策体系概述

关于产业政策，既有基于国家层面所颁布的产业政策，同时也有各地方政府基于本地区实际情况与社会经济发展而制定的产业政策。宁夏作为西部欠发达省份，区域经济及其社会发展都较为落后，并且特殊的地理环境影响着宁夏必须、也只有通过发展区域性强、能体现出相对比较优势的特色产业，从而带动宁夏经济走向持续、健康发展的道路。由上述宁夏特色产业发展现状分析可知，目前宁夏特色产业良好的发展态势已基本呈现，但是在其发展过程中，由于受到市场、资源双方面的约束，特色产业发展仍滞后于全国，特色产业发展的粗加工生产仍比较明显，无论是销售还是市场拓展的能力都比较弱，龙头企业尽管极大地带动着产业内部相关企业的发展，但在资金、研发、人才、技术创新平台等方面存在着诸多的问题与不足，从而进一步制约着宁夏特色产业的健康发展，导致产业整体

---

① 根据宁夏中宁县农牧局相关数据整理。
② 根据银川海关相关数据整理。
③ 根据宁夏农业农村厅报告相关数据整理。

规模抑或经济效益方面远远落后于发达省份，尽管也有一些宁夏乃至全国知名品牌，但在全国范围内其品牌竞争力还远远不够，进而会影响着其持续的发展。因此，为促进宁夏特色产业持续、健康发展，并以专业化、规模化和产业化为其发展方向，必须要借助政府政策的有效引导和扶持，一方面避免产业发展过程中的市场失灵现象，另一方面通过多重政策支持促使其健康发展，充分挖掘其带动作用与发展潜能，从而提升其竞争力，达成以特色产业带动宁夏经济发展，并达到精准扶贫的目标。故此在国家相关政策的支持下，宁夏从财税、金融、人才、平台等多方面制定并实施了诸多的特色产业发展扶持政策，从而为支持、促进与引导宁夏特色产业区域性布局与发展确立良好的开端与扎实的基础，产业政策体系如图 3.4 所示。

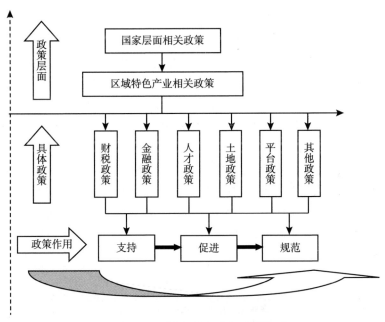

图 3.4　样本地区特色产业政策体系

　　财税政策主要是为满足宁夏特色产业正常发展所需资金方面的直接支持性政策，从而依法使用财税工具以保证有限资金在整个产业体系内得到合理的配置与使用，主要包括财政补助、税收优惠等政策。其中，财政补助政策主要包括企业生产需要所建立的费用补助、以奖代补等直接扶持政策、支持企业发展几个方面制定相关政策，从而缓解企业发展的资金短缺压力，如 2016 年由宁夏财政厅、林业厅联合下发的助力枸杞产业的政策，2018 年政府办公厅下发的枸杞产业健康发展方案，2020 年枸杞产业高质量发展"十四五"规划①；税收优惠既有引资和合作方面的税收性政策，也有直接奖励和间接优惠方面的税收性政策②。2017 年党委农办联合农牧厅和财政厅探索并提出，以龙头企业提出财政补助分配方案，经相关部门审核后直接将财政补助给付农民的补助办法，从而一方面充分发挥了龙头企业的带头与示范作用，另一方面也意味着宁夏正式开启了以龙头企业融合特色产业发展的新思路。

金融政策主要是以满足特色产业发展所需的金融资本需求，以融资市场、融资担保、信用等级评定、风险补偿等多种融资手段，减少企业融资风险，如 2014 年、2016 年出台了加速宁夏资本市场、改善宁夏金融环境等政策和意见，旨在促进宁夏企业上市，为企业发展构建起多渠道、多元化和连续性的筹资体系，从而进一步提高宁夏特色产业发展效率③。

人才政策主要是为满足宁夏特色产业正常发展所获取和培养的产业人力资源，其政策工具主要有奖励、补助、政府直接提供等形式，并通过激励稳定现有人才、新引进、人才流动与培养等措施及其合理的配置，从而实现以人才带动宁夏产业自主创新、促进产业转型加速、增强区域竞争力。如 2016 年 1 月实施的《关于创新体制机制促进人才与经济社会协调发展的若干意见》，每年投入人才支持的专项经费达 1.49 亿元，同时通过多达 20 多项的配置性措施，为宁夏特色产业布局、优化结构与产业转型等困扰产业持续发展的难题"筑巢引凤"，被业内人士解读为最强人才发展纲领。2019 年又重磅推出 21 条"人才新政"，广揽"高精尖缺"人才服务重点产业发展④。

---

① 2016 年 3 月，根据自治区人民政府《关于创新财政支农方式加快发展农业特色优势产业的意见》《再造宁夏枸杞产业发展新优势规划（2016—2020 年）》的意见，林业厅与财政厅制定了《关于创新财政支农方式加快枸杞产业发展的扶持政策暨实施办法》，此办法的目标要求是要构造区域枸杞"一核、两带、十产区"的新型格局。2018 年宁夏政府办公厅为推进枸杞产业能够实行健康、久远的发展又推出了 2018 年具体的行动方案。2020 年出台《宁夏现代枸杞产业高质量发展"十四五"规划（2021—2025 年）》。

② 2012 年《自治区人民政府关于印发宁夏慈善园区招善引资优惠政策的通知》中对入园企业给予最高 200 万元的贴息补贴、税收减征、资金奖励等政策。

③ 2014 年宁夏发布了《宁夏回族自治区人民政府关于加快资本市场建设的若干意见》，2016 年发布《宁夏回族自治区人民政府关于加快资本市场发展助力脱贫攻坚的意见》等。

④ 2019 年宁夏回族自治区党委组织部、自治区人力资源社会保障厅等部门制定出台了《宁夏回族自治区高层次人才服务指南》。

　　土地政策主要是在土地集约利用的基础上，为满足宁夏特色产业发展所需，政府依据相应标准以优惠的价格向企业提供开展项目的正常用地，并对中小企业的项目用地采取优先安排的措施，政策工具主要有政府划拨、免缴土地使用税等形式，保证企业项目正常建设和发展，从而进一步降低企业成本，同时也促进了招商引资。节约集约用地管理职责效能考核体系的持续实施则可以进一步促进土地集约化利用，提升利用效率，从而为宁夏经济的持续发展提供更多的用地空间。

　　平台政策主要是为了增强企业自主创新、促进产业结构优化、增强产业竞争力、提升产业带动作用等，政府通过出台多项创新政策、信息咨询、成果交易、产学研促进、知识产权、质量认证、产业规划等政策为企业搭建基地、研究中心、科技团队等各类平台政策，从而更好地助力区域特色产业持续、健康、稳健地发展。例如，自 2014 年开始宁夏实施了以"后补助"形式的创新政策，就是以增强企业自主创新为目的，其补助比例最高达到40％，旨在引导企业将创新成为企业发展的内在动力。在宁夏"十三五"科技创新规划中，明确提出了多项促成果转化的政策，以及信息咨询与促进成果交易、推动产学研等政策，"十四五"时期，围绕高质量发展主题，继续以创新驱动发展战略布局了多项政策措施。

　　除了上述列举的多项政策外，还有更多的政策散见于其他规划、措施或意见等之中，从而全方位构建了利于宁夏特色产业健康、持续发展的产业政策体系。

3.2　产业政策实施对样本地区特色产业的绩效分析

　　从本章第 1 节的分析可知，各项产业政策的作用极大地促进了宁夏特色产业的发展，宁夏特色产业发展态势比较好，这是其值得肯定的一面。但与此同时，现行的产业政策是在边借鉴边实践的过程中逐步提出来的，因此有必要进一步对其政策实施的绩效情况展开分析。

　　本书研究的对象是区域特色产业，由于企业是产业发展的主体，也是产业政策作用的目标对象，从事相关业务的企业发展水平直接影响着区域特色产业的发展。因此从微观视角——企业层面获取区域特色产业发展的相关数据，能够比较真实、客观地反映出区域特色产业发展的现实情况。

然而笔者在实际调研中发现，由于企业对自己的生产经营数据比较敏感，不希望本企业的相关生产经营数据被泄露，因此鉴于获取企业数据的困难性，本书遂使用李克特五点量表（问卷见附录）的方法，将需要获取的不同类型的企业数据设计成不同的发展水平区间，企业只需针对生产过程中相关指标的实际情况，在不同的发展水平区间内进行选择，这样既达到不使企业经营的相关敏感性生产经营数据外露，又实现了本书能够顺利、有效地获取到实证分析所需数据的目的。

因此，本小节以问卷调查结合访谈的方法作为分析手段，从政策作用的目标角度与微观视角——企业层面，就目前产业政策实施对产业的直接效应状况及其对区域特色产业的实际作用强弱状况展开描述性统计分析，从而为下一章构建并分析产业政策实施对区域特色产业的影响效应模型奠定基础。本部分所使用的问卷主要由两大部分构成：一是近些年来区域特色产业的基本发展情况，二是政策实施对产业发展的实际作用大小。本书对宁夏321家企业展开了问卷调查，实际回收267份，有效问卷231份，有效率占86.52%。

3.2.1 产业政策实施对样本地区特色产业的直接效应状况

产业政策实施目的主要是保护、扶持产业发展，从而促进产业得到持续发展，产业政策对产业整体发展的作用绩效主要可以从企业产值、销售额、利润、产品出口、创新能力等数值的变化方面表现出来。

（1）关于企业产值的情况，在问卷中设计：近些年来企业的总产值是否在逐年增长，给出五种情况：下降很多（很不符合）、下降较多（不符合）、变化不大（基本符合）、增加较多（比较符合）、增加很多（非常符合）五个选项，要求被调研企业根据实际情况进行选择，调研具体结果如图3.5所示。

图3.5显示，在被调研的231家区域特色生产企业中，近些年来平均年产值增加的有107家，占比达46%，变化不大的有89家，占到了总数的39%左右，而产值下降的仅有35家，占比约15%，由此可见，产业政策的实施一定程度上还是提升了企业的生产总规模，促进了宁夏特色生产企业产值的提高。

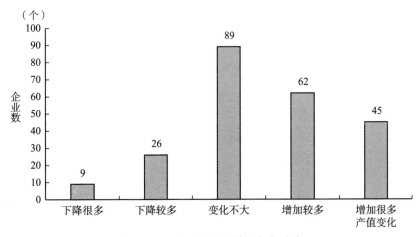

图 3.5　企业产值变化情况频数分布

（2）关于企业销售情况，在问卷中设置题项：近些年来企业平均年销售额是否持续增加，分五种情况：下降（很不符合）、基本没变化（不符合）、增加5%～10%（基本符合）、增加10%～15%（比较符合）、增加15%以上（非常符合）五个选项，要求被调研企业根据实际情况进行选择，调研具体结果如图3.6所示。

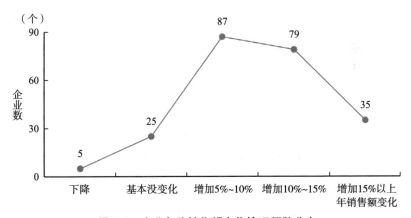

图 3.6　企业年均销售额变化情况频数分布

图3.6显示，在被调研企业中，近些年来，有近87%的企业年均销售额都有不同幅度的增加，其中增长幅度达到5%～10%的有87家，占被调研企业的38%左右，增长10%～15%的占到了约34%的比例，而有约

15%的企业增长幅度达到了15%以上；有25家企业认为年均销售额变化并不大，而仅有2%左右的企业年均销售额呈现为下降趋势。由此可见，近些年来企业的销售额增长比较明显，产品的市场占有率得到持续提升，表明企业整体经营状况较好。因此从总体上看，产业政策的实施促使宁夏特色生产企业的销售额有了较大幅度的上升，产业政策正促使宁夏特色产业竞争力逐步增强。

（3）关于企业利润情况，问卷中设置题项：近些年来企业平均年利润是否持续增长，有五种情况：下降（很不符合）、基本没变化（不符合）、增长5%（基本符合）、增长5%～10%（比较符合）、增长10%以上（非常符合）五个选项，要求被调研企业根据实际情况进行选择，结果如图3.7所示。

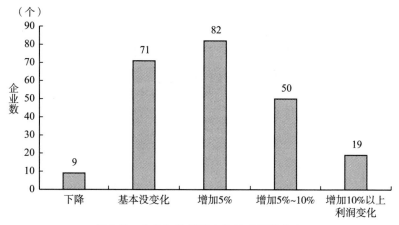

图3.7 企业年均利润变化情况频数分布

图3.7显示，近些年来，企业年均利润增长幅度在5%左右的有82家，占到了总调研企业的35.5%，利润增长幅度在10%左右的企业接近70家，占比30%左右，其中有约8%的企业利润增长幅度达到了10%以上。另外有30.7%的企业利润基本保持不变，仅有3.9%左右的企业利润表现为下降趋势。由此可见，近些年来企业在保持销售额有较大增长的同时，企业利润也有着非常强劲的提升。企业利润是企业价值创造优良的表现，表明企业有良好的盈利能力与发展能力。结合图3.6与图3.7所表现出来的销售额与利润双双上升的趋势，则预示着产业政策的实施对宁夏特色产业的发展效率方面可能有极大的作用力。但与此同时我们也看到，有

近 31% 的企业利润基本维持不变，探其原因，除去生产成本等直接的因素外，是否因企业税负过重或是因企业运营资金不足等外在原因导致其徘徊在生存线附近，是个值得继续深入研究的问题。因此该部分的分析结果对于进一步完善现行的产业政策有着比较重要的借鉴意义。

（4）关于产品出口情况，问卷中设置题项：近些年来企业产品出口数量是否逐年增加，有五种情况：无出口（很不符合）、出口下降（不符合）、增加 5%（基本符合）、增加 10%（比较符合）、增加 15% 以上（非常符合）五个选项，要求被调研企业根据实际情况进行选择，具体调研结果如图 3.8 所示。

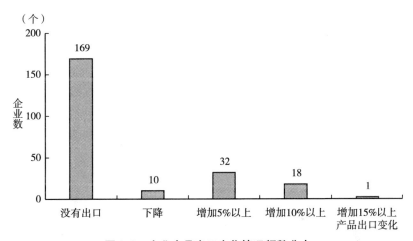

图 3.8　企业产品出口变化情况频数分布

图 3.8 显示，有近 170 家企业产品没有出口，占到了整个调研企业约 74% 的比重，有 32 家企业出口量增长在 5% 以上，而仅有约 8% 的企业产品出口增幅在 10% 以上。由此可见，近些年来企业在产品出口方面形势非常不乐观。这种情况一方面与宁夏特色生产企业普遍规模小、且分散式经营有很大的关系，另一方面也表明由于宁夏特色产业产品结构单一、深加工能力薄弱、技术落后、产品科技含量较低等一系列问题，导致产品多集中在初加工环节，且缺乏本土优势品牌，因而难以与国外同类产品形成竞争，从而导致宁夏特色产业出口量比较低。这部分的分析进一步表明，尽管产业政策的实施促使企业生产规模、销售额与利润均有所提升，但产业政策在促使产品结构转化、提高产品质量及提升产品深加工方面的作用还

比较弱，这就需要政府在产业政策制定方面继续加强产品结构优化、科技开发及其优势品牌创建方面的政策，以进一步提升宁夏特色产业的竞争力。

（5）关于产品创新方面，在问卷中设置题项：近些年来企业创新研发投入额占销售总额的比例是否逐年提高，有五种情况：无变化（很不符合）、1%以下（不符合）、1%～3%（基本符合）、3%～5%（比较符合）、5%以上（非常符合）五个选项，要求被调研企业根据实际情况进行选择，结果如图3.9所示。

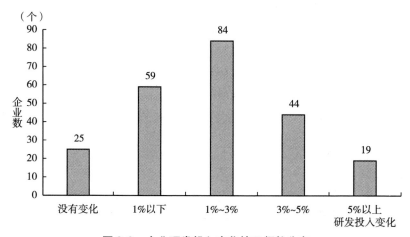

图3.9 企业研发投入变化情况频数分布

图3.9显示，调研的样本企业中研发投入水平分布不均，差距较大。在所调研企业中，研发投入占销售总额在5%以上的有19家，只占到调研企业约8%的比重，3%～5%的占比约19%，1%～3%的占比约36%，而有近11%的企业研发投入几乎没有变化。通常的标准认为，企业研发投入强度高于5%，即显示企业有比较强的创新能力，强度低于2%，即显示企业在创新能力方面居于中低水平，而当强度低于1%的生存水平线时则为低强度，显示出企业创新能力非常弱，企业只能勉强生存甚至难以为继。由此可以看出，宁夏特色产业生产企业中有部分企业（占8%）研发投入大于5%的高强度水平，表明近几年在产业政策的引导下，有更多的企业尤其是规模比较大的企业自主创新意识有所提升。但是由图3.9也可以看出，宁夏特色产业中仍有相当大比例的企业研发投入力度非常低，可见，宁夏特色产业生产企业的研发投入意识在激烈的市场竞争下还有待增

强，研发投入意识必然影响其竞争力甚至生存的维续，这也提示，未来政府需要在产业政策如何引导企业自主创新的意识与措施方面继续加大力度。

3.2.2　产业政策实施对样本地区特色产业的实际作用状况

关于产业政策对宁夏特色产业的实际作用强弱状况，本书以李克特五分量表的形式、从微观视角——企业层面对其作用状况进行了测量并做了描述性统计分析，如表 3.1 所示，问卷中列出了宁夏特色产业政策系列，并依次根据各个政策对企业所起实际作用的强弱等级划分为"非常大（5分）、比较大（4 分）、一般（3 分）、比较小（2 分）、非常小（1 分）"五个选项，要求被调研企业结合企业自身发展实际进行判断、选择产业政策对企业所起的实际作用大小。

表 3.1　　产业政策对样本地区特色产业作用强弱的描述性统计（N = 231）

序号	产业政策	平均值	标准差
1	免征、抵免或降低税率等税收优惠	3.55	1.18
2	无偿资助、低息、贴息或免息等贷款	3.52	1.09
3	项目资金直接补助政策	3.50	1.20
4	稳才、用才、引才及人才流动	3.30	1.20
5	创新环境与平台搭建	3.11	1.04
6	优先安排中小企业项目土地及土地优惠	3.08	1.19
7	知识产权	3.06	1.16
8	产品质量认证	2.94	1.21
9	促进成果交易措施	2.92	1.23
10	融资机制、渠道	2.88	1.17
11	激励未利用土地及集约利用	2.79	1.10
12	信用担保、融资风险补偿	2.77	1.25
13	成果评价、奖励、后补助等	2.76	1.21

由表3.1中的产业政策对宁夏特色产业作用强弱的描述性统计可以看出，在13项政策中，其平均得分均不同，且其标准差在数值1附近，表明宁夏特色生产企业对不同的产业政策对于企业发展的影响作用认知情况相对来说有着一定的分歧，具体表现可以分为三个不同的等级（总分为5分）：第一个等级为前三项政策，其对宁夏特色产业发展所起的作用最强，平均得分值大于3.5分（依次为免征、抵免或降低税率等税收优惠得分值是3.55；无偿资助、低息、贴息或免息等贷款得分值是3.52；项目资金直接补助政策得分值是3.50）；第二个等级表现为人才支持政策、创新环境与平台搭建、土地配置与知识产权四项政策，其对企业发展过程中起着中等强度的作用（得分平均值徘徊在3分左右）；第三个等级表现为表3.1中剩余的六项政策（得分平均值低于3分），其对宁夏特色产业起的作用相对较弱。进一步分析这些政策的类型与所起的作用可以看出，企业认为政策实际作用比较强的几项政策（平均得分值超过3.0分）多是关于资金、税收、贷款、人才、土地等对产业发展有着直接扶持作用的政策措施。这一方面体现出宁夏特色产业在发展伊始就受限于宁夏经济发展较为落后所带来的困惑，急切地需要政府的支持，而另一方面也表明政府在引导与促进产业健康、持续发展的同时，更迫切地需要政府政策在产业发展的直接资源要素供给方面下足功夫，为宁夏特色产业的发展在政策层面铺好路基，从而尽量减弱宁夏特色产业发展伊始所不得不面对的各种困难与问题。

第 4 章

区域特色产业政策实施绩效
指标体系与模型构建

第 3 章中主要是基于近几年各指标的数值变化这种单因素的视角出发，对样本地区特色产业发展现状与产业政策实施绩效进行了描述性统计，从而对产业政策的实施状况作出初步分析。但是这种仅基于指标数值变化的单因素分析法，由于只从某个方面简单粗略地对产业政策的作用进行了分析，并没有综合体现出不同产业政策实施分别对产业发展的影响程度如何。因此，为了对区域特色产业政策的实施绩效从整体层面作出分析，有必要在前述分析的基础上，通过设计综合指标体系、构建数据模型、运用科学方法对其作出综合性分析。故而，在本章中根据理论与文献研究，结合西部地区实际，在对产业政策与产业发展理论阐述的基础上，分别构建区域特色产业政策、产业发展指标体系与概念模型，然后在第 5 章中运用结构方程（SEM）的方法，运用样本地区所获数据，在对所构建的理论概念模型进行检验与修正的基础上，实证分析各产业政策实施对区域特色产业发展绩效的影响情况，为后续区域特色产业更好发展的政策建议进一步提供经实证检验的数据支撑与证据。

4.1 指标体系构建

4.1.1 产业发展绩效

本书前述文献综述与理论阐述对于凝练区域特色产业发展绩效的测度

指标体系提供了理论借鉴，也为研究的继续开展提供了研究思路。但是通过文献综述也发现，上述研究中多关注单一视角下的产业发展，或者单纯从产业发展对经济增长的促进出发提炼产业发展评价指标，而缺乏产业发展数量结合质量方面的综合性指标测量体系。产业的发展不仅要考虑其发展的规模、速度等数量情况如何，也要对产业发展的结构、效率及其未来的发展潜力等质量状况予以关注，即不仅要对产业发展的数量指标予以关注，更要对产业发展的质量指标予以关注。因此，本书在上述文献研究的基础上，通过构建区域特色产业发展的数量和质量指标体系，并建立数据模型，对区域特色产业的发展绩效进行分析，揭示各个绩效构成要素指标对区域特色产业发展绩效的贡献情况，从综合性的角度对西部地区区域特色产业发展绩效进行客观、全面的分析，进而为促进西部地区区域特色产业协调发展提供实证支持和决策依据。

产业的发展包含了产业从其产生到逐步成长及其进化的几个过程，既包含了产业中的各个企业、产品等数量方面的规模变化过程，也包含以优化结构为核心的产业结构、技术、效率、市场等发展结构、发展效率等质量方面的变化过程，同时其中也内含了产业未来的发展潜力。换言之，产业的发展意味着其数量上的增加和质量上的提升两个层次，因此对产业发展绩效的分析就需要既衡量发展规模等数量上的变化，又衡量其发展效率、结构和发展潜力等质量上的飞跃，从而使产业发展走上均衡发展的道路（宋国宇等，2016[①]；万丛颖、徐健，2012[②]；陈文锋、刘薇，2016[③]；杨瑾等，2021[④]）。借鉴上述关于产业发展绩效指标方面的文献研究综述情况，本书从区域特色产业的发展规模、结构、效率及其潜力四个维度构建区域特色产业发展绩效指标测试体系，并在下文中依次测试出四个维度分别对区域特色产业发展绩效的重要程度，从而科学、系统、合理地引导特色产业的发展。另外，构建科学、合理的指标分析框架亦可以帮助政府科学规划、引导产业发展和优化结构，从而引导西部各地区域特色产业提高效率、步入可持续的发展道路。

① 宋国宇，赵莉，康粤. 黑龙江省绿色（有机）食品出口发展效率评价研究［J］. 农业经济与管理，2016（1）：45 – 54.

② 万丛颖，徐健. 我国区域战略性新兴产业的发展评价［J］. 现代管理科学，2012（6）：82 – 84.

③ 陈文锋，刘薇. 区域战略性新兴产业发展质量评价指标体系的构建［J］. 统计与决策，2016（2）：29 – 33.

④ 杨瑾，王忠伟，庞燕. 基于熵权 TOPSIS 法的油茶产业发展绩效评价［J］. 中南林业科技大学学报，2021（12）：168 – 177.

4.1.1.1　发展规模

任何产业只有在其形成相应的规模后才会逐渐具备一定的竞争力。产业的发展规模指标用来反映某个产业发展的总体实力如何，往往侧重说明某产业发展的量变过程，是某个产业从小至大的一个发展变化的过程。通常，广义维度的产业发展规模是指某一个产业其产出的规模或者经营规模总体状况如何，狭义维度的产业发展规模经常用来指某个企业的产品在生产产量、销售收入、总产值等产出方面具体表现为多少万元。发展规模指标通常是用于评判某项产业实际发展情况的常用指标之一，产业发展规模越大，其产业化的程度也越高，也意味着某产业具备了一定的生产规模优势和市场优势，因此借助发展此产业来带动并促使本区域特色产业的发展。

产业发展规模是个适度的规模概念，如果产业发展规模过大势必会形成产能过剩，从而使得投入的资源造成一定的浪费，但若产业发展因为规模过小而无法产生规模效应时，又必然会面临在激烈的竞争市场中因为不具备竞争优势而被淘汰的风险。因此，适度的产业发展规模是任何国家、地区在引导产业发展的过程中必须要引起重视的一个方面。

4.1.1.2　发展结构

产业结构优化要顺应产业的实际发展需要，产业发展在其数量增加的过程中，也需要对产业结构进行不断的调整和优化，产业结构调整是增进产业可持续发展的必要条件[①]。产业结构是产业内部的不同构成部分（子产业）及其内部各个子产业之间所发生的联系和比重关系，即产业结构可以归纳总括为产业的各个组成部分、比例关系及其内在的结构特征。由于产业内部各个子产业不同及其彼此之间的联系、比重关系也有所不同，所以产业内部的各个子产业对整个产业乃至区域经济的贡献程度也并不相同。产业的发展规模表现的是产业发展的绝对量，而产业的发展结构则表现为产业内部的比例关系。

特色产业在其产业规模快速增加和发展的过程中，如何优化各个子产业之间的结构，促进各个子产业在产品结构和地区间得到协调发展，延伸产业链条，进而使得整个产业的发展质量和效率得以提升已经得到理论界

---

① Franco Malerba, Uwe Cantner. Innovation, Industrial Dynamics and Structural Transformation: Schumpeterian Legacies [J]. Journal of Evolutionary Economics, 2006 (16): 1 - 2.

和实践界普遍的认同，同时也成为进一步发展特色产业、增强发展能力的制约因素和关键所在。借助调整和优化特色产业内部各个子产业之间的产品结构及其地区间的分布平衡，实现产业资源在各个区域内的最优配置，突破西部各地区域特色产业发展的"小""弱"等劣势而逐渐转向"大"而"强"，表现产品的现有优势，促进规模经济和产品质量的同步提高，提高特色产业的产业化程度，从而达到化解区域特色产业在发展的过程中有关结构性问题的目的，促使西部地区区域特色产业走向健康的、可持续的发展轨道。

4.1.1.3 发展效率

产业可持续的发展不但要寻求发展的规模、发展结构，还要寻求其发展的质量。效率从其本意上是来源于物理学，是指输入与其输出后进行比较的结果。1906 年，帕累托对效率的含义则从经济学视角分析并界定：当对某个经济资源实施配置时，如若不能找出更好的任何其他方案，使得这个方案实施后对经济体中的每一个人都能得到与他们最初得到的待遇保持一致，且这其中应该至少有一人相比之前能够更好，那么这时所呈现出来的资源配置情况就是一种最佳配置，即表示此时的效率是最好的。对于效率含义的理解，普遍得到大家认可的是：当运用不多的、有限资源后，系统能够使得最终的产出达到最大化水平就是效率，进一步剖析其内涵性的理解，可以有三层含义：第一种理解是技术效率，即在运用不多的、有限资源时，在这些资源不被浪费的情况下，输入的资源得到充分利用，并且系统最终得到最大化的产出数量，那么这时可以称为技术效率，这种效率的特征其着重点是用最少的输入而最终获取最大化的产出效果。第二种理解是生产效率，此时从成本的视角理解，是指最终系统产出时达到了成本的最小化状态，即基于投入成本一定时，而达到了最终产出最大化的状态，或者当最终系统的产出结果不变时，使得输入的成本达到最小化状态，此为生产效率，这种效率的特征是非常强调输入的成本与最终系统的产出两者之间的关系。第三种理解是配置效率，是从人们期望的视角进行解读，是指系统最后的产出无论是从结果看还是从数量来衡量都与人们的期望相符，即当基于输入的资源有限时，系统充分利用了这些资源后，最终输出的产品数量和质量结果达到了社会福利或者社会效用最大化的状态，此为配置效率，这种效率的理解其着重是生产资源运用不同的投入组合后最终的产出情况。

产业的发展效率是考察各个产业资源是否得到合理配置和利用的一个非常重要的指标，是产业发展结构的进一步反映，因此产业的发展效率往往要受到产业结构的影响。目前随着全球产业的发展普遍转向效益型的发展思路，某个产业只有用较高的劳动生产率，用不多的投入实现较多的产出效益时，该产业才可能成长为各个地区的特色产业。特色产业的发展效率作为衡量其是否获取良好绩效的重要考量指标，侧重于从技术效率的角度来衡量投入的资源是否得到最优化配置，是企业将各种资源投入后，经过企业相应的行为或活动后，生产更多数量、更高质量的产品，反映了企业投入与所耗费的资源间的关系，其衡量的指标如单位产品产值、劳动生产率、产业投资效率平均利润、依托本地资源组织生产等相对指标。当某产业的发展效率越高时，其产出的绩效相应也越高。由于任何产业的发展效率都不可能达到帕累托最优，因此特色产业的发展效率也只能追求相对满意的效率。

4.1.1.4　发展潜力

产业发展除要求规模、结构、效率外，是否具备一定的发展潜力，也是产业延续其生命力至关重要的因素之一，是每个产业长远发展所必须具备的条件。正确认识产业的发展潜力，可以引导政府和企业投资者在正确的投资方向上发展某项产业，为产业的可持续发展指明战略方向、提供创新经营的思维。产业发展潜力是指产业在未来的市场中所具备的内在发展趋势、可以预期到的生产能力及其成长性，通常是从动态的角度衡量产业的远期发展能力，经常以产业的研发投入、创新能力、产品销售区域范围、年消费增长情况、远期市场的需求水平等为表现形式，其中产业的研发投入和创新能力是决定产业是否具备发展潜力的关键因素。

综上分析可知，产业的发展不仅要有量的扩张，同时为适应经济发展和市场竞争，也要不断地调整其发展结构，提升其发展效率，促进产业发展由单纯追求规模向提升产业发展的质量和效率转变，而且为实现产业的可持续发展，对其发展潜力也同样要引起重视，即产业的发展要追求数量、结构、效率和潜力的有机结合，促使产业协调、可持续的发展。

由前述对样本地区特色产业发展现状的描述性分析可知，样本地区特色产业近几年发展势头迅猛，在追求数量发展的同时，不断优化产业结构，产业的发展效率有了显著的提升，并且在其优越的人文、地理等条件下，蕴含着巨大的市场潜力。但是样本地区特色产业的发展又具有明显的粗放型特点，这样的发展思路并不能使得特色产业持续的做"大"、做"强"，而实现由数量向深层次质量转变的发展思路是样本地区特色产业可持续发展的必由之路。鉴于此，西部地区特色产业必须要运用综合的产业发展策略，既重视规模、结构的发展，又重视效率的提升和潜力的培养，促使区域特色产业走上数量和质量并重的协调发展之路。因此，从互相联系又相互配合，能够共同反映出区域特色产业现状的发展规模、发展结构、发展效率和发展潜力四个维度出发，分别测算出他们对区域特色产业发展的重要程度，并展开分析，进而在实证测算的数据支持基础上，科学认识并清楚分析区域特色产业，促进区域特色产业协调发展，帮助政府有针对性地制定利于区域特色产业长远发展的政策建议。故本书从发展规模、发展结构、发展效率和发展潜力四个方面构建区域特色产业发展绩效模型，然后分别实证测量四个方面对区域特色产业发展绩效的重要程度。

4.1.2　产业政策

由本书前述文献综述与理论阐述中可知，学界对产业政策概念、分类与作用等并没有达成一致，但比较认同的是：产业政策是政府以行政命令的形式在各产业之间实施要素的投入与分配，可以基于市场机制发挥一定的作用，从而促进产业发展，提升竞争力（例如：青木昌彦，1998；拉尔，2003；郭飞等，2022）。关于产业政策外延界定方面，学者们从多方面展开，部分学者基于我国现实情况提出应从狭义、广义两个方面理解产业政策（例如：白玉、黄宗昊，2019；平新乔，2017），部分学者认为产业政策应从多角度进行理解（例如：李兴旺等，2014；卜伟等，2017；江涛，2019；叶光亮等，2022）。

另外，上述关于产业政策的研究中，由于其政策体系非常庞大，所涉猎的内容亦十分复杂，如果对其直接建构指标体系，不仅工作量非常巨大，且也非常难以对其进行科学的测算与量化，已有文献中鲜有研究者直接对政策指标体系进行量化研究。因此，在现有研究中，由于罗斯威尔（1985）根据政策影响所划分的"需求、环境、供给"三维度思路分析框架在学界中影响力比较大，许多学者实质上都是基于罗斯威尔（1985）的三维框架来着手对产业政策体系进行研究（王晓珍等，2016）[①]。其中，需求层面的政策主要是关乎政策对产业的拉动力，以尽可能减弱市场的不确定性，提升产业发展效率；供给层面的政策主要是政府为推动产业发展而直接提供人力、资金、基础设施、公共服务等直接的要素性供给；环境层面的政策主要是以消除市场障碍、间接推动产业发展为主的规划、管制、策略等政策，从而营造健康、持续的产业发展环境（罗斯威尔，1985）[②]。故此，借鉴上述学者的观点，本书亦以罗斯威尔的三维政策理论划分为基础框架，结合第3章所述的样本地区产业政策体系（如图3.4所示）及西部地区区域的特点，以产业政策所起的作用为切入点，将区域特色产业政策区分为支持类、促进类与规范类三种产业政策类别，并从这三种政策类别出发，围绕产业政策与区域特色产业发展绩效展开实证分析，在后续研究中也基于支持类、促进类与规范类三种产业政策类型构建产业政策实施对区域特色产业发展绩效影响效应模型，并依据三种产业政策类别分别对区域特色产业发展绩效的影响程度展开测算、讨论与实证分析，根据前述理论与文献，此三类产业政策的基本特征与所包含的政策措施概括如下。

（1）支持类产业政策。支持类产业政策的基本特征是政府直接扶持产业发展为主，其政策措施包括对资金、人才、土地等基础生产要素方面的配置，主要由财政补助、税收、人才、土地配置等政策组成。

（2）促进类产业政策。促进类产业政策是以政府营造良好的产业服务体系为基本特征，通过促进企业创新研发行为，提升产业发展效率、质量而提供的间接政策措施，主要包括推动企业和金融部门协作的融资市场、信用风险担保与补偿、信息咨询与成果交易服务、创新成果奖励等。

（3）规范类产业政策。规范类产业政策是以监管、保护、推进产业集约化发展为基本特征，从而为产业发展创建安全、持续的发展环境，引导产业健康、有序、持续地发展，主要包括知识产权、土地集约利用、质量认证、规范企业行为的技术标准等引导规制类政策。

---

①　王晓珍，彭志刚，高伟，等. 我国风电产业政策演进与效果评价［J］. 科学学研究，2016（12）：1817-1828.

②　Roy Rothwell, Walter Zegveld. Reindustrialization and Technology［M］. London：Longman Group Limited, 1985.

4.2 概念模型构建

4.2.1 区域特色产业发展绩效结构概念模型

4.2.1.1 产业发展指标测量

由上述关于产业发展指标方面的文献研究综述情况，本书从数量、质量两个层面，从互相联系又相互配合，能够共同反映出特色产业的发展规模、发展结构、发展效率和发展潜力四个维度出发，构建区域特色产业发展绩效指标体系和结构模型，分别测量其绩效变量要素对区域特色产业绩效的重要程度，并展开分析，从而科学、合理地引导区域特色产业良性发展，并借此为政府科学规划，引导产业发展、结构优化，引导西部地区区域特色产业提高效率、走上可持续发展道路提供实证依据，对于地方政府有的放矢制定益于特色产业长远发展的政策建议亦具有十分明显的意义。

由此本书形成了五个不可直接观测到的潜变量，分别是产业发展绩效、产业发展规模、发展结构、发展效率和发展潜力变量，首先必须要对这些变量进行指标测度，从而形成可以直接观测的显性变量，下面将对这些潜变量进行测量。

（1）外生潜变量区域特色产业发展绩效 ζ_1，由内生潜变量发展规模 η_{11}、发展结构 η_{12}、发展效率 η_{13}、发展潜力 η_{14} 四个潜变量来测度。

（2）内生潜变量发展规模 η_{11}：产业发展规模反映了某个产业发展的总体实力如何，是评价产业发展的首要指标，一般是从绝对数量的角度、通过产业总体的增长情况予以表现，通常产业的规模越大，尤其是主导产业的规模越大，生产的规模效益就越明显，因而越利于产业的发展，产业化的程度相应也越高，可以由产量（swsl）、产值（zcz）、职工人数（cyrs）三个总量指标来测度。

（3）内生潜变量发展结构 η_{12}：产业结构反映了产业内部的各个组成部分、比例关系及其内在的结构特征，一般是从相对数量的角度、通过产业内部相关事物的数量联系程度的平均情况予以表现。由于产业最终同时也是最重要的载体是产品，因此产业的结构优化需要借助产品为载体来反映，可以由企业平均资产（pjzc）、产品平均产量（pjcl）、平均销售额（jxse）、平均出口（czzb）四个综合平均指标来测度。

（4）内生潜变量发展效率 η_{13}：产业的发展效率是考察产业资源是否得到合理配置和利用的一个非常重要的指标，是产业发展结构的进一步反映。产业发展效率反映了产业投入与产出间的关系，一般是从技术效率的角度、通过比较投入产出的增减变化来衡量其投入的资源是否得到最优化配置的综合性指标，可以由产品深加工比（sjgb）、劳动生产率（dscl）、资源依托（zyyt）、投资效益（tzxy）、平均利润（pjlr）五个相对指标来测度。

（5）内生潜变量发展潜力 η_{14}：发展潜力是以动态的角度来反映产业未来的市场中所具备的内在发展趋势、可以预期到的生产能力及其成长性，包括产业的研发投入、年消费增长情况、品牌申请与保护意识、生产装备技术水平、技术人才培养、远期市场的需求水平增长等，其中产业的研发投入和品牌申请与保护是决定产业是否具备发展潜力的关键因素，可以由产品销售区域（xsqy）、市场需求（scxq）、设施装备水平（zbjs）、研发投入（yftr）、技术人才（jsrc）、品牌申请与保护意识（ppys）六个显变量来测量。

据此，本书最终形成区域特色产业发展绩效测算指标体系如表 4.1 所示。

表 4.1　　　　　　　　区域特色产业发展绩效指标体系

潜变量		测量变量	简要描述
外生潜变量	区域特色产业发展绩效（ζ_1）	发展规模 η_{11}	从绝对量角度反映产业发展规模对产业的重要程度
		发展结构 η_{12}	从相对量角度反映产业发展结构对产业的重要程度
		发展效率 η_{13}	从技术效率角度反映发展效率对产业的重要程度
		发展潜力 η_{14}	从动态角度反映潜力对产业发展的重要程度
内生潜变量	发展规模（η_{11}）	产业产量（swsl）	产业实物生产量情况
		生产总产值（zcz）	产业价值生产量情况
		从业人数（cyrs）	产业解决就业情况
	发展结构（η_{12}）	企业平均资产（pjzc）	产业资产结构状况
		产品平均产量（pjcl）	产业规模结构状况
		平均销售额（jxse）	产业销售结构状况
		平均出口（czzb）	出口产品占出口额或占 GDP 比重

续表

潜变量		测量变量	简要描述
内生潜变量	发展效率（η_{13}）	产品深加工比（sjgb）	产业技术效率状况
		劳动生产率（dscl）	产业生产效率状况
		资源依托（zyyt）	产品依托本地资源情况
		投资效益（tzxy）	产业投资效率状况
		平均利润（pjlr）	产业创造价值情况
	发展潜力（η_{14}）	销售区域（xsqy）	产品销售区域范围
		市场需求（scxq）	产品市场需求增减情况
		装备水平（zbjs）	产业生产设备技术状况
		研发投入（yftr）	产业技术创新状况
		技术人才（jsrc）	从事产业的技术人才状况
		品牌申保（ppys）	品牌申请和保护意识

4.2.1.2　产业发展概念模型

根据前述对产业发展指标体系的构建及其指标的测量，建立了发展规模、发展结构、发展效率、发展潜力四个维度的分析框架及概念模型，该模型由 5 个潜在变量、18 个观测变量构成，其中测量发展规模的有 3 个变量，测量发展结构的有 4 个变量，测量发展效率的有 5 个变量，测量发展潜力的有 6 个变量。本书进一步认为此概念模型是对区域特色产业发展绩效的具体应用，且不同维度的指标测量能够对区域特色产业的综合发展进行适当的描述，从而使得后续的分析具有更强的实用性。下面本书将围绕区域特色产业发展绩效概念模型建立结构方程模型，后续将对区域特色产业发展绩效及其测量变量对产业发展绩效的重要性情况展开实证检验与分析探讨，为探寻西部地区区域特色产业发展策略提供实证性的数据支持。基于此构建区域特色产业发展绩效概念模型如图 4.1 所示。

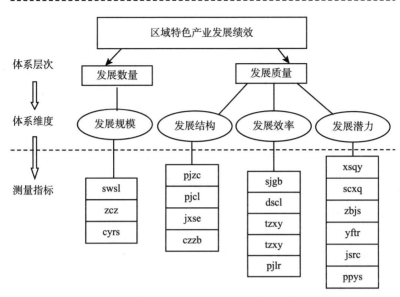

图 4.1　区域特色产业发展绩效概念模型

4.2.2　产业政策实施对区域特色产业绩效影响效应概念模型

4.2.2.1　区域特色产业政策指标测量

由上述关于产业政策综述情况，本书从支持类产业政策、促进类产业政策和规范类产业政策三个维度构建了区域特色产业政策体系，其维度的构建既符合理论基础，同时也结合了区域的实际，便于对产业政策实施与区域特色产业绩效展开进一步的分析，由此本书对产业政策体系形成了三个潜变量，分别是支持类产业政策、促进类产业政策、规范类产业政策。由于这三个政策变量具有不可观测性，因此需要对其进行指标测度，从而形成可以直接观测的显性变量，下面将对这三个产业政策分类潜变量进行测量。

（1）外生潜变量区域特色产业政策 ζ_2，由内生潜变量支持类产业政策 η_{21}、促进类产业政策 η_{22}、规范类产业政策 η_{23} 来测度。

（2）内生潜变量支持类产业政策 η_{21}：支持类产业政策是政府为扶持产业发展而直接提供的生产要素方面的政策，可以由资金补助（zjbz）、税收优惠（ssyh）、项目用地（xmyd）、人才扶持（rcfc）四个政策指标来测度。

（3）内生潜变量促进类产业政策 η_{22}：促进类产业政策是政府为提升

产业发展效率而提供的产业服务体系方面的政策，可以由融资市场（rzsc）、信用风险（xyfx）、成果转化（cgzh）、创补奖励（cbjl）四个政策指标来测度。

（4）内生潜变量规范类产业政策 η_{23}：规范类产业政策是政府为创建有益于产业健康有序发展的宏观环境而制定的监管、保护与引导类政策措施，可以由知识产权（cqbh）、土地集约（tdpz）、质量认证（rzbz）、标准规范（kczc）四个政策指标来测度。

据此，本书最终形成区域特色产业政策测量指标体系如表4.2所示。

表4.2　　　　　　　　　产业政策测度指标体系

潜变量		测量变量	简要描述
外生潜变量	产业政策 ζ_2	支持类产业政策 η_{21}	资金、人才、土地、税收等资源要素直接扶持
		促进类产业政策 η_{22}	推动产学研、鼓励创新、信息咨询与成果交易服务、融资市场等间接扶持
		规范类产业政策 η_{23}	质量认证、知识产权、土地集约使用、产业引导等创建有益于产业健康发展环境的监管、保护与引导
内生潜变量	支持类产业政策 η_{21}	资金补助（zjbz）	项目资金补助
		税收优惠（ssyh）	免征、抵免或降低税率等税收优惠
		项目用地（xmyd）	项目开展所需的优惠土地
		人才扶持（rcfc）	稳才、用才、引才等人才培养政策
	促进类产业政策 η_{22}	融资市场（rzsc）	较健全的融资机制，多样化的融资途径
		信用风险（xyfx）	信用担保体系与融资风险补偿措施
		成果转化（cgzh）	专家咨询、产学研与信息交流、促进成果交易渠道
		创补奖励（cbjl）	创新成果评价、奖励、后补助等
	规范类产业政策 η_{23}	土地集约（tdpz）	土地合理配置与利用
		知识产权（cqbh）	知识产权转化和保护
		质量认证（rzbz）	产品质量认证
		标准规范（kczc）	规范企业技术标准等引导政策

4.2.2.2　影响效应概念模型构建

由于本书第3章仅是基于产业发展和产业政策的指标数值变化的单因素视角对产业政策实施与样本地区特色产业发展绩效影响情况进行了简单

的描述性分析，此单一分析无法找出产业政策对产业发展的综合影响程度如何，因此为了寻找实施产业政策对区域特色产业发展绩效影响情况的数据证据，从整体层面对产业政策实施与区域特色产业绩效作出分析，需要在上述研究的基础上对产业政策与区域特色产业发展绩效之间的影响效应展开深入的实证分析，为后续区域特色产业更好发展的政策建议进一步提供经实证检验的数据支撑与现实依据。

　　根据前述构建的产业发展与产业政策指标体系及其对指标的测量，本书对区域特色产业发展绩效构建形成了 5 个潜变量、18 个观测变量的绩效指标体系与概念模型，对产业政策构建形成了 4 个潜变量、12 个观测变量的产业政策指标体系框架。已有的文献研究表明，产业政策会对产业发展有着一定程度的影响作用。结合理论与文献，本书构建了产业政策实施对区域特色产业发展绩效影响效应概念模型，并进一步认为此模型与框架是产业政策实施对区域特色产业绩效影响的具体应用，模型如图 4.2 所示。

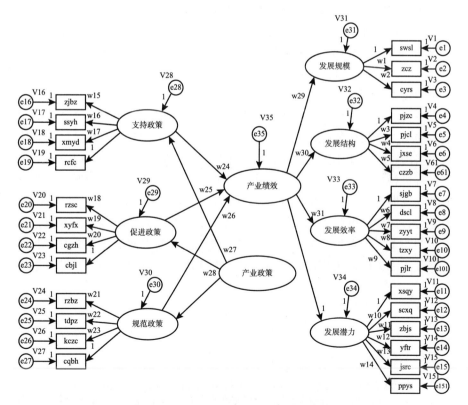

图 4.2　产业政策实施对区域特色产业绩效影响效应概念模型

图 4.2 的影响效应概念模型说明，产业政策的三种政策：支持类产业政策、促进类产业政策与规范类产业政策将分别影响区域特色产业发展绩效，并将分别对产业发展的不同绩效构成要素（发展规模、结构、效率与潜力）产生不同程度的影响。本书后续将重点围绕此概念模型，对产业政策实施与区域特色产业发展绩效之间的影响效应展开实证检验与分析讨论，并在此基础上进一步探寻产业政策在其具体实施中的问题所在。

（1）支持类产业政策与区域特色产业发展绩效。如前所述，支持类产业政策的基本特征是以政府直接扶持产业发展为主，其政策措施包括对资金、人才、土地等基础生产要素方面的优化配置。产业政策从其本质上来说是政府对经济发展所实施的干预性措施，对于发展中国家而言，产业政策某种程度上可指引经济发展，适度的实施产业政策可促进其产业结构得到优化（陈永清等，2016）[①]。林毅夫（2011）提出，如果某国能够基于对本土所拥有的要素禀赋有相当清楚认识的基础上制定产业政策，就可以将后发优势发挥出来，从而依照比较优势来发展本地产业并借此形成竞争优势[②]。邱兆林（2016）及吴昊和吕晓婷（2021）提出，政府适度的政策干预，可以激发某国或某地区的后发优势，但产业政策需契合政府与市场关系的定位，从而促使本国或本地区经济的高质量发展[③④]。西部地区多是经济欠发达的省份，近年来国家战略和政策的倾斜为西部地区经济的发展创造了一个很好的机遇，而利用区域优势，优先发展能体现区域相对比较优势的特色产业不失为西部地区抢先发展的有效途径之一。但是西部地区在推进特色产业发展的进程之中仍面临着许多不容忽视的问题，尤为重要的是发展产业所必需的直接生产性要素严重不足，如资金、专业人才、土地等，而政府财政能用于有效促进特色产业发展的资金也非常有限，进一步制约了区域特色产业的发展。尽管直接生产要素的扶持可能对产业增长率并无多大的促进作用，甚至有负向的作用，如舒锐（2013）经实证研

① 陈永清，夏青，周小樱. 产业政策研究及其争论述评 [J]. 经济评论，2016（6）：150 – 158.

② 林毅夫. 新结构经济学——重构发展经济学的框架 [J]. 经济学（季刊），2011（1）：1 – 32.

③ 邱兆林. 中国制造业转型升级中产业政策的绩效研究 [D]. 济南：山东大学，2016.

④ 吴昊，吕晓婷. 经济治理现代化与产业政策转型 [J]. 吉林大学社会科学学报，2021（5）：19 – 29，235.

究发现，税收优惠政策可以增加产业的增长，对产业效率的提升则无效[①]。邱兆林（2015）对产业政策和生产要素进行研究后发现，加强对产业固定资产投资的政策会引起产业规模和产出增长率下降[②]。但是，毋庸置疑的是，任何产业的前期发展必须要在具备一定的人、财、物等直接生产要素的基础上才得以进一步的发展，对于西部地区发展特色产业而言这点尤为重要且必要，因为只有在政府直接生产要素扶持下，利用区域比较优势，首先将特色产业发展起来，后期才能进一步逐渐累积与促进其区域比较优势的发展，继而引导产业聚集效应逐渐得以显现，并逐步提高产出增长率、提升区域特色产业的效率，从而达到借助特色产业的发展，将区域潜在的优势变为区域的竞争优势。据此本书认为，支持类产业政策会直接正向影响区域特色产业的发展绩效，且不同的支持类产业政策将会在不同程度上正向影响着区域特色产业发展绩效。

（2）促进类产业政策与区域特色产业发展。如前所述，促进类产业政策是以政府营造良好的产业服务体系为基本特征，通过促进企业创新研发为提升产业持续、稳定发展而提供的间接政策措施，主要包括推动企业和金融部门协作的融资市场、信用风险担保与补偿、信息咨询与成果交易服务、创新成果奖励等产业服务体系。构建良好的产业服务体系已经被作为各个国家增强产业竞争力的重要方式，发达国家通过制度化、常态化的产业服务体系建设为产业发展确立了良好的社会基础，我国随着经济的逐渐转型，也日益对产业服务体系投以高度的重视，不断为产业发展提供投融资、技术创新、市场推广、成果转化等服务，从而在推动产业快速发展与企业创新发展等方面的作用日益突显，特别是科技与金融强有力结合的投融资服务体系的建设极大地引领并助推着产业的科学发展，成为推动自主创新的强大作用力。具体到西部地区来说，在中央与西部各地方政府产业政策的扶持下区域特色产业取得了一定的成绩，但是与发达省市相比，区域特色产业整体实力并不强，技术、生产装备较为落后，能够打得比较响的区域知名品牌也比较少，产品粗加工特征比较明显，这些问题都使区域特色产业不能在激烈竞争的市场中立足并稳定发展，加之融资能力所限、信息不畅通、产学研通道受阻等

---

① 舒锐. 产业政策一定有效吗？——基于工业数据的实证分析［J］. 产业经济研究，2013（3）：45－54，63.

② 邱兆林. 中国产业政策有效性的实证分析——基于工业行业面板数据［J］. 软科学，2015（2）：11－14.

问题使得成果转化率、市场占有率等比较低。石奇和孔群喜（2012）研究认为，鉴于我国产业实践，应通过产业政策的导向作用为产业发展提供服务，为产业技术进步指引方向，使比较优势要素得到充分发挥①。而伴随着我国由高速增长阶段转向高质量发展阶段，直接介入式的产业政策对于产业的创新、升级发展及其竞争力的提升恐难有更大的作用，应实施"提供服务"式的产业政策（陈永清等，2016）②，且在各地方政府竞争状态下，差异化特色产业政策促进了地区分工（马草原等，2021）③。因此对于西部地区区域特色产业要想提升其竞争力，不仅需要企业自身的创新，更需要政府通过实施相应的"服务式"产业政策，为企业营造良好的产业服务体系，借助促进型产业政策架起企业与市场之间的桥梁，解决企业面临的一些实际问题，使其产业链条得到拓展并延伸，从而不仅实现信息、资源的共享共用，也使得产学研服务体系很好地融入区域特色产业生产的前、中、后等不同环节，同时通过政策为企业创新尽可能地规避风险，提高创新的成功率，依靠创新来带动与促进区域特色产业得到更好的发展。据此，本书认为，促进类产业政策直接正向影响着区域特色产业的发展绩效，且不同的促进类产业政策将会在不同程度上正向影响着区域特色产业的发展绩效。

（3）规范类产业政策与产业发展。如前所述，规范类产业政策主要是政府为创建有益于产业健康有序的宏观发展环境而制定的有关监管、保护与引导类的政策措施，其政策措施主要由知识产权、土地集约化利用、产品质量、标准规范引导等构成。产业发展除了要考查其经济绩效，同时也要从其技术、环境与社会等整体视角考虑，因而产业政策内容在某种程度上也由此决定。产业政策是政府对产业发展进行主动、有意识地干预，从而一定程度上影响产业的发展（卜伟等，2017）④。我国经济发展一方面正面对着世界经济发展的多元化新态势，而另一方面我国经济已由高速增长阶段转向高质量发展阶段，企业却又经常面对着知识产权保护或储备不足的尴尬与矛盾，而这种矛盾正日益束缚着企业的发展，并逐渐上升为一

① 石奇，孔群喜. 实施基于比较优势要素和比较优势环节的新式产业政策 [J]. 中国工业经济，2012（12）：70 - 82.
② 陈永清，夏青，周小樱. 产业政策研究及其争论述评 [J]. 经济评论，2016（6）：150 - 158.
③ 马草原，朱玉飞，李延瑞. 地方政府竞争下的区域产业布局 [J]. 经济研究，2021（2）：141 - 156.
④ 卜伟，谢臻，赵坚. 中国产业政策的特点、效果与演变——产业政策问题研讨会会议综述 [J]. 经济与管理研究，2017（4）：79 - 84.

种阻力。因此不管是政府鼓励企业走出去抑或引进企业，知识产权的问题都是不容忽视的，其对产业的发展起着战略性作用，而提升企业对于知识产权申请与品牌保护意识，对于规范市场经济秩序而言也有着不容置疑的巨大作用。西部地区区域特色生产企业多属于中小规模的企业，且受多年的发展模式与思维限制，知识产权的保护与品牌意识相对比较弱，致使区域特色产业在发展过程中经常会出现产权纠纷，或者因品牌问题无形中降低了西部地区区域特色产业的竞争力。产业技术规范与质量认证政策的制定，一方面，可以使得产业内所有企业的生产均以制定的技术规范为基准组织生产，控制部分企业违规性的生产行为，进而使得产业内先进的技术与经验得以共享与扩散，生产出与预期质量要求相符的产品，从而既便于政府按照此标准对其生产的产品或服务质量进行监督与奖罚，也促使整体产业内技术得到提升。另一方面，环境保护、产业结构升级、资源高效利用等政府宏观目标的实现，为企业更好地发展创造出良好的外部平台与环境。产品质量认证往往包含着企业产品质量方面的信息，意味着对企业产品的认可与信赖（李雪灵等，2011）①，产品质量认证即是借助第三方的权威对企业产品或者服务做出是否与规定要求相符的重要判断（Boiral O，2003）②，这一点对提高区域特色产业在全国的认可度乃至走出国门都具有重要的作用，且相关政策法规的实施也会促使区域特色生产企业内部以达到规定的权威标准为目标而逐渐使其得以规范化生产，逐渐使西部地区区域特色产业原有的"小、散、杂、乱"等的发展状况得到改善，继而使得其企业的外部创新环境也得以逐步优化，从而进一步提高区域特色产业的知名度，产业技术标准规范等引导政策的制定与实施也将有助于该目标的达成。除此以外，西部地区总的土地面积 689.7 万平方公里，占全国的71.4%，未利用土地占全国的 80%，而根据 2019 年度国家级开发区土地集约利用监测统计情况，西部地区开发区土地供应率（88.99%）、工业用地率（38.11%），明显低于东、中部地区，在全国居于最低水平③。由于土地资源的稀缺性特征，规范化土地使用，合理化布局和安排产业用地，

---

①　李雪灵，马文杰，刘钊，等. 合法性视角下的创业导向与企业成长：基于中国新企业的实证检验［J］. 中国工业经济，2011（8）：99 - 108.

②　Boiral O. ISO 9000：Outside the Iron on Cage［J］. Organization Science，2003，14（6）：720 - 737.

③　关于 2019 年度国家级开发区土地集约利用监测统计情况的通报［EB/OL］.（2020 - 01 - 08）. http：//gi. mnr. gov. cn/202001/t20200108_2496785. html.

充分挖掘每块土地的潜力，从而使得每寸土地最大限度地提升其利用与产出效率，因此政府的土地集约化产业政策有助于节约西部地区的土地资源，提升其集约化水平。综上所述，结合西部地区实际而言，规范类产业政策无疑对区域特色产业的发展绩效有着直接的正向影响，且不同的规范类产业政策将会在不同程度上正向影响着区域特色产业的发展绩效。

第 5 章

产业政策实施对西部特色
产业影响的实证分析

本章将对第 4 章构建的理论概念模型，运用结构方程（SEM）的方法，利用样本地区数据，对其展开实证检验、修正与分析讨论，并进一步分析检验产业政策实施是否对区域特色产业发展绩效产生影响，其影响的方向与程度如何，从而为促进区域特色产业更好地发展寻找证据。

5.1　分析方法与数据获取

5.1.1　方法选择

由上述阐述可知，区域特色产业发展绩效可以由 5 个潜在变量、18 个观察变量构成，5 个潜在变量分别是产业发展绩效、发展规模、发展结构、发展效率和发展潜力，这些指标变量都必须借助不同的观察变量（即显变量）进行测量。本部分研究目的是分析 4 个内生潜变量分别对外生潜变量产业发展绩效的影响程度及每个观测变量分别对 4 个内生潜变量的贡献情况。考虑到传统的回归分析方法只能分析单一的因变量与单一或者多自变量间的关系，这与本书的设计初衷不符，需要运用能够同时对多个不同的因变量与多个不同的自变量展开效应分析的、并具验证型分析的综合性多元分析法，即选择运用结构方程（SEM）来展开分析，期间结合运用探索性因素法。

目前很多经济、管理以及社科的研究中广泛运用结构方程的方法，基于对理论分析后提出的模型同时回归处理几个因应量的效应关系，这恰与本书设计出发点较为符合，即除了需要同时分析区域特色产业发展绩效四个构成要素及测量变量间的强度外，还要重点对不同产业政策实施与区域特色产业发展绩效之间的影响关系效应展开分析。除此之外，运用这种综合性多元回归分析方法，还可以在经理论分析提出的模型检验分析的基础上，进一步检验所构建的理论模型是否和调研的实际数据相契合，有助于更严谨地展开实证分析。

运用这种方法时，通常需要首先进行探索性分析，即先进行 EFA 分析，以探析所提出的各个变量之间呈现出何种因素结构，EFA 分析需在理论分析的前提下进行，一般是在处理调研问卷数据时进行。在本书中运用探索分析法主要是探析调研的问卷数据在其结构与效度方面是否符合相关要求。在经过探索分析（EFA）后，需要对经理论分析提出的模型假设是否成立进行验证分析，从而为后续分析做好准备。

5.1.2　数据获取

本书研究的对象是产业政策实施与区域特色产业发展的绩效问题，由于企业是相关产业发展的主体与政策实施的主角，从事相关业务的企业经营发展水平将直接影响区域特色产业的发展绩效。因此从企业的微观视角，而非宏观的产业发展视角来获取区域特色产业政策及其发展相关数据，能够比较真实、客观地反映出西部地区特色产业发展的现实情况。然而在实际调研中，尽管本书曾努力尝试获取企业的直接数据，并希望以此来展开实证分析，但却发现，由于企业对自己的生产经营数据比较敏感，不希望本企业的相关生产经营数据被泄露，且相关法规也不允许泄露企业微观生产经营数据，因此鉴于获取企业数据的困难性，且考虑结构方程模型对大样本量的要求，本书遂使用李克特量表的方法，将需要获取的不同类型的企业数据设计成不同的发展水平区间（范柏乃，2000）①②，企业只需针对生产过程中相关指标的实际情况，在不同的发展水平区间内进行选择，这样既达到不使企业经营的相关敏感性生产经营数据外露，又实现了能够顺利、有效地获取到实证分析所需数据的目的。鉴于以上原因，本书采用问卷法收集研究所需数据（正式调查问卷具体见附录），问卷形式上

①　范柏乃. 发展高技术产业贸易政策实证研究［J］. 国际贸易问题，2000（8）：10-15.
②　范柏乃. 发展高技术产业人才政策实证研究［J］. 中国软科学，2000（8）：62-66.

采用李克特五点量表，赋值为：1 - 极不符合，2 - 不太符合，3 - 基本符合，4 - 比较符合，5 - 非常符合，用因子分析、主成分法及其结构方程的方法对所获数据进行实证分析，从而便于研究区域特色产业发展情况、产业政策实施对区域特色产业发展的影响效应情况。根据第 4 章中对区域特色产业政策实施绩效指标体系与模型构建分析，研究形成了产业政策、产业发展绩效两个外生变量的具体测量结果。

（1）产业发展绩效（如表 5.1 所示），从四个维度来测量：ⓐ发展规模 η_{11}：用 3 个测量题项对区域特色产业发展规模进行衡量，并要求被调查企业和相关竞争对手相比，然后判断出近些年来（或者自成立后），企业在产量、产值、职工人数三个方面逐年增加的幅度如何，从 A（1 分）到 E（5 分）表示本企业与问卷描述从很不相符到非常相符。ⓑ发展结构 η_{12}：用 4 个测量题项对区域特色产业发展结构进行衡量，要求被调查企业和相关竞争对手相比，然后判断出近 5 年内（或者自成立后），企业在平均资产、平均产量、平均销售（用产品产值占 GDP 比重、产品销售情况两个指标衡量，取两个指标的平均数来代表平均销售结构）、平均出口情况四个方面逐渐增长的情况，从 A（1 分）到 E（5 分）表示本企业与问卷描述从很不相符到非常相符。ⓒ发展效率 η_{13}：用 5 个测量题项对区域特色产业发展效率进行衡量，要求被调查企业和相关竞争对手相比，然后判断出近些年来（或者自成立后），企业在产品深加工、劳动生产率、投资效益情况、依托本地资源情况、平均利润五个方面增长快慢的程度，从 A（1 分）到 E（5 分）表示本企业与问卷描述从很不相符到非常相符。ⓓ发展潜力 η_{14}：用 6 个测量题项对区域特色产业发展潜力进行衡量，要求被调查企业和相关竞争对手相比，然后判断出近些年来（或者自成立后），产品销售区域范围、市场需求、设施装备水平、研发投入水平、技术人才和品牌申保六个方面增长的情况，从 A（1 分）到 E（5 分）表示本企业与问卷描述从很不相符到非常相符。

表 5.1   产业发展绩效测度指标变量

潜变量		测量变量	简要描述	测量题项	题目序号
外生潜变量（ζ_1）	产业发展绩效	发展规模 η_{11}	绝对数量层面反映产业发展	Q1 ~ Q3	T1 ~ 18
		发展结构 η_{12}	相对数量层面反映产业发展	Q4 ~ Q8	
		发展效率 η_{13}	效率层面反映产业发展	Q9 ~ Q13	
		发展潜力 η_{14}	动态层面反映产业发展	Q14 ~ Q19	

续表

潜变量		测量变量	简要描述	测量题项	题目序号
内生潜变量	发展规模 η_{11}	实物产量（swsl）	产业实物生产量情况	Q1	T1
		总产值（zcz）	产业价值生产量情况	Q2	T2
		从业人数（cyrs）	产业解决就业情况	Q3	T3
	发展结构 η_{12}	平均资产（pjzc）	产业资产结构状况	Q4	T4
		平均产量（pjcl）	产业规模结构状况	Q5	T5
		平均销售（jxse）	产业销售结构情况	Q6～7	T6
		平均出口（czzb）	出口产品占出口额或 GDP 比重情况	Q8	T7
	发展效率 η_{13}	深加工比（sjgb）	产业技术效率状况	Q9	T8
		劳动生产率（dscl）	产业生产效率状况	Q10	T9
		资源依托（zyyt）	产品依托本地资源情况	Q11	T10
		投资效益（tzxy）	产业投资效率状况	Q12	T11
		平均利润（pjlr）	产业价值创造状况	Q13	T12
	发展潜力 η_{14}	销售区域（xsqy）	产品销售区域范围	Q14	T13
		市场需求（scxq）	市场需求增减情况	Q15	T14
		装备水平（zbjs）	生产设备技术状况	Q16	T15
		研发投入（yftr）	技术创新状况	Q17	T16
		技术人才（jsrc）	产业技术人才状况	Q18	T17
		品牌申保（ppys）	品牌申请和保护意识	Q19	T18

（2）产业政策（如表5.2所示），从三个维度来测量：ⓐ支持类产业政策 η_{21}：用4个题项来测量支持类产业政策，要求被调查企业根据自身企业的实际感知，判断出近些年来（或者自成立后），产业政策实施后在资金、人才、资源等要素配置方面对企业发展的影响程度，包括资金补助、税收、土地、人才（从人才引进、培养、稳才、用才四个方面来测量，取四个指标的平均值来代表人才扶持情况）四个方面，每个指标从 A（1分）到 E（5分）分别表示支持类产业政策实施对企业发展有不同的影响程度。ⓑ促进类产业政策 η_{22}：用4个题项测量促进类产业政策，要求被调查企业根据自身企业的实际感知，判断出近些年来（或者自成立后），

产业政策实施后在鼓励企业创新、推动产学研成果转化、交易与信息咨询、融资市场等方面对企业发展影响的不同程度，包括融资市场（从融资机制、融资渠道两个方面衡量，取两个指标的平均值代表融资市场情况）、信用担保与风险补偿（从信用担保体系与融资风险补偿措施两个方面来测量，取两个指标的平均值代表信用风险扶持情况）、成果转化（从产学研与信息交流、促进成果交易两个方面来测量，取两个指标的平均值来代表成果扶持情况）、创新成果奖励与补助（从创新成果评价、奖励与后补助两个方面来测量，取两个指标的平均值来代表创新促进情况）四个方面，每个指标从 A（1 分）到 E（5 分）分别表示促进类产业政策实施对企业发展的不同影响程度。ⓒ规范类产业政策 η_{23}：用 4 个题项测量规范类产业政策，要求被调查企业根据自身企业的实际感知，判断出近些年来（或者自成立后），产业政策实施后在质量认证、知识产权、土地合理化使用、技术标准规范等方面对企业发展的不同影响程度，包括土地合理化使用（从土地合理配置与集约化利用两个层面来测量，取两个指标的平均值来代表土地规划使用情况）、产权保护、产品质量认证、标准规范（从政府技术创新引导与标准要求两个方面来测量，取两个指标的平均值来代表标准规范）四个方面，每个指标从 A（1 分）到 E（5 分）分别表示规范类政策实施对企业发展的不同影响程度。

表 5.2　　　　　　　　　　产业政策测度指标体系

潜变量	测量变量	简要描述	测量题项	题目序号
外生潜变量 ζ_2	产业政策	支持类产业政策 η_{21}	资金、人才、土地、税收等资源要素直接扶持	Q20 ~ Q28	T19 ~ 30
		促进类产业政策 η_{22}	推动产学研、鼓励创新、信息咨询、成果交易、融资市场等间接扶持	Q29 ~ Q36	
		规范类产业政策 η_{23}	质量认证、知识产权、土地合理使用、产业技术规范引导、规制	Q37 ~ Q42	
内生潜变量	支持类产业政策 η_{21}	资金补助（zjbz）	项目资金补助	Q20	T19
		税收优惠（ssyh）	免征、抵免或降低税率等税收优惠	Q21 ~ Q22	T20
		项目用地（xmyd）	项目开展所需的优惠土地	Q23 ~ Q24	T21
		人才扶持（rcfc）	稳才、用才、引才等人才培养政策	Q25 ~ Q28	T22

续表

潜变量		测量变量	简要描述	测量题项	题目序号
内生潜变量	促进类产业政策 η_{22}	融资市场 （rzsc）	较健全的融资机制，多样化的融资途径	Q29 ~ Q30	T23
		信用风险 （xyfx）	信用担保体系与融资风险补偿措施	Q31 ~ Q32	T24
		成果转化 （cgzh）	专家咨询，推动产学研与信息交流促进成果交易渠道	Q33 ~ Q34	T25
		创补奖励 （cbjl）	创新成果评价、奖励、后补助等	Q35 ~ Q36	T26
	规范类产业政策 η_{23}	土地集约 （tdpz）	土地合理配置与利用	Q37 ~ Q38	T27
		知识产权 （cqbh）	知识产权转化和保护	Q39 ~ Q40	T28
		质量认证 （rzbz）	产品质量认证	Q41	T29
		标准规范 （kczc）	规范技术标准等引导政策	Q42	T30

5.2 样本抽样与问卷处理

5.2.1 样本选择与抽样

对于样本选择，最为重要的是要考虑所抽取样本的代表性，所选样本代表性越高，由样本所推导出的总体特性亦越佳。

西部地区包括 12 个省份，由于西部地区从事特色产业的企业数量比较多，涉及牛羊肉、乳制品、休闲食品、薯制品、优质粮食、羊绒品等诸多经营企业与产业类型，鉴于区域覆盖面广、企业微观数据获取难度异常大等原因，根据前述对宁夏特色产业政策体系与实施绩效的描述分析可看出，近几年宁夏特色产业发展情况势头较好，也取得了较好的成果，且宁夏区域经济整体发展水平居于西部 12 个省份的中等水平，故此本书选择以宁夏为样本地区，在一定程度上可代表西部地区特色产业发展的情况。另据对样本地区五个地级市中从事特色产业的生产加工类企业数量摸底情况（见第 3 章）可知，宁夏五个地级市——银川市、吴忠市、固原市、石嘴山市、中卫市，其经济发展水平高低不一，且五个市均布局有不同的特色产业生产加工企业，产品种类各异，各有特色，亦可分别代表西部省份不同经济发展水平的地区与区域特色产业类型。因此结合样本地区对特色产业的布局，基于调研的总体规模、结构方程模型的验证需要及其问卷调研和回收等实际情况，考虑问卷调查在实际实施中存在的难度、样本的可接触性、方便性与易获取性，计划从样本地区选取大约 300 家特色产业生产加工企业进行问卷调查，遵循随机抽取和便利性原则对样本地区从事特色产业的生产加工类企业展开问卷调查，直到达到本书所需要的样本量为止，以尽量提高样本的代表性。

5.2.2　问卷处理

为了检验被调查者对本调查问卷的反应，以达到在正式问卷实施前进一步完善本问卷目的，本书选取宁夏大学工商管理硕士（MBA）作为本书的预测对象，他们大部分是企业管理者，符合本书的调研对象，因此根据他们对预测问卷的总体反应和评价，可以鉴别出调查对象在正式调研时可能出现的反应和问题，明确是否存在涉及企业敏感性、不愿据实回答等问题，及问题是否存在语义表述不清等现象，并根据预测结果及时修改完善问卷，最终形成了附录中的正式问卷。

正式问卷的发放与回收阶段，得到了样本地区的区统计局及银川市、吴忠市、固原市、石嘴山市、中卫市的市场监督管理局相关人员大力帮助。为了避免政府部门工作人员参与调研而对被调查企业填写问卷的真实性造成影响，本书只请政府部门人员负责与相关企业联系和落实调研工作，具体的问卷发放与回收工作则由本书相关人员负责完成，问卷的发放和回收结合了现场发放、发送 E-mail、QQ 传送、照片反馈等多种形式，由企业的相关负责人填写，历经 7 个月左右的时间（后期又回访、调研 3 个月）完成了本书所计划的样本地区的样本容量目标。

在这轮问卷调研中总计发出去的调研问卷是 321 份，最后实际收到的是 267 份，在实际收到的问卷中，有 17 份问卷回答不完全而弃用，19 份问卷因所回答内容有前后矛盾之处亦作废卷处理，最终有效问卷数量是 231 份，有效率 86.52%。据政府部门工作人员反馈，未填问卷的企业主要是因为：在问卷发放期间，部分企业相关负责人因工作过于繁忙，或不愿填写，或企业负责人外出未归，无人填写问卷，因此最终研究采集到的有效问卷是 231 份。问卷的结构特征如表 5.3 所示。

表 5.3　　　　　　　　产业政策实施绩效问卷调查结构特征

基本情况		样本数（个）	百分比（%）
样本地区企业 所在位置	银川	66	28.6
	吴忠	52	22.5
	石嘴山	33	14.3
	中卫	39	16.9
	固原	41	17.7
销售规模	10 亿元以上	4	1.7
	4 亿~10 亿元	3	1.3
	1 亿~4 亿元	22	9.5
	2000 万~1 亿元	51	22.1
	300 万~2000 万元	73	31.6
	300 万元以下	62	26.8
经营年限	10 年以上	103	44.6
	5 年~10 年	67	29.0
	3 年~5 年	35	15.2
	3 年以下	26	11.3
主营业务	枸杞产品	24	10.4
	果蔬产品	30	13.0
	牛羊肉	27	11.7
	乳品业	15	6.5
	薯业产品	12	5.2
	休闲食品	33	14.3
	羊绒制品	10	4.3
	优质粮食	56	24.2
	地方特色	24	10.4

从上述样本分析的特征来看，基本覆盖了样本地区五市不同的主营业务、不同规模的特色产业生产企业，比例构成较为合理。

5.3 数据分析与模型估计修正

本部分将根据第 4 章中所构建的区域特色产业发展绩效概念模型、产业政策实施对区域特色产业发展绩效影响效应概念模型，以区域从事特色产业的生产加工企业调研问卷所获的数据为来源，展开实证分析，实证分析包括对所收集的数据进行信度、效度检验、模型拟合与修正等步骤，最后评估并估计结构方程中的参数、评价模型，并对实证检验结果进行分析讨论。

5.3.1 数据分析

5.3.1.1 内部一致性分析

本部分基于 95% 水平的置信区间进行内部一致性分析，检验方式是 Two – Way Mixed，检验类型是 consistency，对经理论提出的概念模型各个测量变量从不同维度出发进行分析。

（1）产业发展绩效构成要素分析。

第一，产业规模要素。对产业规模要素测量题项检验后结果如表 5.4 所示。

表 5.4　　　　　　　　产业规模要素的信度检验情况

测量题项 （Item 系数）	校正项总相关数 （CITC 系数值）	去掉测量题项的 Cronbach's Alpha 数值 （Cronbach's Alpha）
swsl	0.698	0.786
zcz	0.720	0.765
cyrs	0.698	0.785
Cronbach's Alpha		0.841
基于标准化的 Cronbach's Alpha		0.841

由表 5.4 可知，测量产业规模绩效要素的 3 个题项其内部一致性值为

0.841，高于 0.7，比较适合作因子分析，且各个测量题项间"校正项总相关"系数值均比 0.5 大，因此根据分析结果与检验标准要求，各个测量题项对产业规模绩效要素有较好的可靠性，因而这 3 个题项进入后续的进一步分析中。

第二，产业结构要素。产业结构要素变量一共用 5 个测试项来测度，测度检验后的结果如表 5.5 所示。

表 5.5　　　　　　　产业结构要素信度检验情况

测量题项 （Item 系数）	校正的总相关数 （CITC 系数值）	去掉测量题项的 Cronbach's Alpha 数值 （Cronbach's Alpha）
pjzc	0.578	0.583
pjcl	0.636	0.548
jxse	0.648	0.547
czzb	0.172	0.824
Cronbach's Alpha 值		0.705
标准化后 Cronbach's Alpha		0.711

由表 5.5 看出，产业结构绩效要素的 4 个测量题项其内部一致性均比 0.7 大，并且若将测量题项 czzb 去掉后对整体测量问卷的信度比较好。

对产业结构要素绩效剩下的 3 个测量题项进行二次检验分析，结果如表 5.6 所示。

表 5.6　　　　　　　产业结构要素信度检验情况

测量题项 （Item 系数）	校正项总相关数 （CITC 系数值）	去掉测量题项的 Cronbach's Alpha 数值 （Cronbach's Alpha）
pjzc	0.679	0.761
pjcl	0.673	0.765
jxse	0.693	0.747
Cronbach's Alpha 值		0.824
标准化后 Cronbach's Alpha		0.826

继续沿用上文的检验判断标准，表 5.6 产业结构绩效要素的 3 个测量

题项的数值是 0.826，比 0.7 大，而各个测量变量的"校正项总相关"均比 0.5 大。因此判断产业结构绩效要素的各个测量变量可靠性比较高，能够继续对之作因子分析。

第三，产业效率要素。产业效率绩效变量共用 5 个题目来测度，测度检验的情况如表 5.7 所示。

表 5.7　　　　　　　　　产业效率要素信度检验情况

测量题项 （Item 系数）	校正项总相关数 （CITC 系数值）	去掉测量题项的 Cronbach's Alpha 数值 （Cronbach's Alpha）
sjgb	0.671	0.721
dscl	0.622	0.740
zyyt	0.704	0.716
tzxy	0.292	0.840
pjlr	0.621	0.739
Cronbach's Alpha 值		0.794
标准化后 Cronbach's Alpha		0.796

同上，表 5.7 产业效率绩效要素的 5 个测量项的一致性值都大于 0.7，并且若去掉测量题项 tzxy，对整体问卷信度的改善有益。对剩下的产业效率绩效要素 4 个题项再次检验，其分析结果如表 5.8 所示。

表 5.8　　　　　　　　　产业效率要素信度检验情况

测量题项 （Item 系数）	校正项总相关数 （CITC 系数值）	去掉测量题项的 Cronbach's Alpha 数值 （Cronbach's Alpha）
sjgb	0.693	0.789
dscl	0.670	0.799
zyyt	0.687	0.792
pjlr	0.649	0.808
Cronbach's Alpha 值		0.840
标准化后 Cronbach's Alpha		0.841

依然沿用上述检验标准分析，表 5.8 产业结构绩效要素的 4 个题项的内部系数是 0.841，超过 0.7，且各测量题项的"校正项总相关"数值均比 0.5 大。因此，产业效率绩效要素各个测量题项的可靠性都比较高，后续的因子分析可以继续。

第四，产业潜力要素。产业潜力绩效变量共有 6 个题目用于测量该变量，测量检验所得到的结果如表 5.9 所示。

表 5.9　　　　　　　　　　产业潜力要素信度检验情况

测量题项 （Item 系数）	校正项总相关数 （CITC 系数值）	去掉测量题项的 Cronbach's Alpha 数值 （Cronbach's Alpha）
xsqy	0.269	0.859
scxq	0.677	0.776
zbjs	0.578	0.797
yftr	0.656	0.780
jsrc	0.693	0.772
ppys	0.698	0.770
Cronbach's Alpha 值		0.823
标准化后 Cronbach's Alpha		0.823

同上，表 5.9 中的产业潜力绩效的 6 个测量题项一致性都大于 0.7，并删除 xsqy 题项将对最后的问卷信度有所提升。

将产业潜力绩效要素检验后余下的 5 个题项继续进行第二轮检验，具体结果如表 5.10 所示。

表 5.10　　　　　　　　　　产业潜力要素信度检验情况

测量题项 （Item 系数）	校正项总相关数 （CITC 系数值）	去掉测量题项的 Cronbach's Alpha 数值 （Cronbach's Alpha）
scxq	0.700	0.823
zbjs	0.569	0.855
yftr	0.673	0.830
jsrc	0.700	0.823

续表

测量题项 （Item 系数）	校正项总相关数 （CITC 系数值）	去掉测量题项的 Cronbach's Alpha 数值 （Cronbach's Alpha）
ppys	0.734	0.812
Cronbach's Alpha 值		0.859
标准化后 Cronbach's Alpha		0.858

　　仍遵循上述检验标准，表 5.10 中的产业潜力绩效要素的 5 个测量题项的内部系数是 0.858，大于 0.7，且"校正项总相关"系数值也符合 0.5以上的要求。因而，产业潜力绩效要素的各个测量题项都有好的可靠性，可继续分析。

　　（2）产业政策构成要素分析。

　　第一，支持类产业政策。对支持类产业政策测量题项检验结果如表5.11 所示。

表 5.11　　　　　　　　　支持类产业政策的信度检验情况

测量题项 （Item 系数）	校正项总相关数 （CITC 系数值）	去掉测量题项的 Cronbach's Alpha 数值 （Cronbach's Alpha）
zjbz	0.511	0.726
ssyh	0.672	0.632
xmyd	0.549	0.706
rcfc	0.493	0.793
Cronbach's Alpha		0.758
基于标准化的 Cronbach's Alpha		0.758

　　从表 5.11 可知，支持类产业政策要素的 4 个测量题项内部一致性值是 0.758，超过 0.7，且各测量题项间的"校正项总相关"系数值均大于或接近 0.5，所以由上述的检验分析，依照实证分析检验的规则，用于测量支持类产业政策变量的题项从可靠性方面表现较佳，故而各个题项能继续用于下面的检验分析。

　　第二，促进类产业政策。对促进类产业政策测量题项的检验结果如表5.12 所示。

表5.12 促进类产业政策的信度检验情况

测量题项 （Item 系数）	校正项总相关数 （CITC 系数值）	去掉测量题项的 Cronbach's Alpha 数值 （Cronbach's Alpha）
rzsc	0.700	0.805
xyfx	0.661	0.822
cgzh	0.681	0.813
cbjl	0.717	0.798
Cronbach's Alpha 值		0.850
标准化后 Cronbach's Alpha		0.850

遵循上述判断标准，表5.12中产业促进类产业政策要素4个测量题项的系数为0.850，超过0.7，而各测量变量的"校正项总相关"系数值均比0.5大。所以，用于测量产业促进类政策要素变量的题目从其可靠性来论均表现较好，故而各个题项均能继续用于下面的检验分析。

第三，规范类产业政策。对规范类产业政策测量题项检验结果如表5.13所示。

表5.13 规范类产业政策的信度检验情况

测量题项 （Item 系数）	校正项总相关数 （CITC 系数值）	去掉测量题项的 Cronbach's Alpha 数值 （Cronbach's Alpha）
tdpz	0.694	0.821
cqbh	0.731	0.806
rzbz	0.678	0.828
kczc	0.705	0.818
Cronbach's Alpha 值		0.857
标准化后 Cronbach's Alpha		0.858

遵循上述判断标准，表5.13规范类产业政策要素的4个测量题项其系数为0.858，超过0.7，各个测量变量的"校正项总相关"系数值均比0.5大。所以，用于测量规范类产业政策变量各个测量题项从可靠性上看均表现较好，故而各个题项均能继续用于下面的检验分析。

5.3.1.2　项目分析

（1）特色产业绩效要素变量分析。经上述检验分析，删除题目 T7、T11、T13 后，对用于测量特色产业绩效的剩余 15 个题目分析后情况如表 5.14 所示。

表 5.14　　　　　　　　特色产业绩效测量题项分组独立 T 检验情况

题目序号		方差 Levene 值		平均值 t 检验							
		F 值	Sig 水平	t 值	df 值	Sig.水平（双）	均值差值	标准误	95% 水平区间	
									下限值	上限值
T1	假设方差相等	10.164	0.002	11.712	164	0.000	1.717	0.147	1.428	2.007
	假设方差不相等			11.923	159.006	0.000	1.717	0.144	1.433	2.002
T2	假设方差相等	0.369	0.544	12.829	164	0.000	1.667	0.130	1.411	1.924
	假设方差不相等			12.933	163.972	0.000	1.667	0.129	1.413	1.922
T3	假设方差相等	3.499	0.063	10.834	164	0.000	1.523	0.141	1.245	1.800
	假设方差不相等			10.883	163.629	0.000	1.523	0.140	1.246	1.799
T4	假设方差相等	1.402	0.238	9.338	164	0.000	1.325	0.142	1.044	1.605
	假设方差不相等			9.484	160.887	0.000	1.325	0.140	1.049	1.600
T5	假设方差相等	3.556	0.061	9.060	164	0.000	1.221	0.135	0.955	1.488
	假设方差不相等			9.152	163.659	0.000	1.221	0.133	0.958	1.485
T6	假设方差相等	7.059	0.009	9.888	164	0.000	1.261	0.1275	1.009	1.512
	假设方差不相等			10.045	160.791	0.000	1.261	0.126	1.013	1.508
T8	假设方差相等	0.007	0.932	11.343	164	0.000	1.514	0.133	1.250	1.778
	假设方差不相等			11.311	159.504	0.000	1.514	0.134	1.250	1.778
T9	假设方差相等	1.983	0.161	8.565	164	0.000	1.142	0.133	0.878	1.405
	假设方差不相等			8.657	163.498	0.000	1.142	0.132	0.881	1.402
T10	假设方差相等	2.290	0.132	10.944	164	0.000	1.311	0.120	1.074	1.547
	假设方差不相等			10.770	143.248	0.000	1.311	0.122	1.070	1.551
T12	假设方差相等	0.334	0.564	8.369	164	0.000	1.184	0.141	0.905	1.463
	假设方差不相等			8.399	163.347	0.000	1.184	0.141	0.906	1.462

题目序号		方差 Levene 值		平均值 t 检验							
		F 值	Sig 水平	t 值	df 值	Sig. 水平（双）	均值差值	标准误	95% 水平区间		
									下限值	上限值	
T14	假设方差相等	0.982	0.323	11.329	164	0.000	1.480	0.131	1.222	1.738	
	假设方差不相等			11.310	160.440	0.000	1.480	0.131	1.222	1.739	
T15	假设方差相等	0.000	0.998	6.420	164	0.999	0.999	0.156	0.692	1.306	
	假设方差不相等			6.411	160.695	0.000	0.999	0.156	0.691	1.306	
T16	假设方差相等	3.085	0.081	10.619	164	0.000	1.468	0.138	1.195	1.741	
	假设方差不相等			10.543	155.211	0.000	1.468	0.139	1.193	1.743	
T17	假设方差相等	1.262	0.263	12.063	164	0.000	1.564	0.130	1.308	1.820	
	假设方差不相等			12.045	160.596	0.000	1.564	0.130	1.307	1.820	
T18	假设方差相等	1.657	0.200	14.124	164	0.000	1.756	0.124	1.511	2.002	
	假设方差不相等			14.229	163.999	0.000	1.756	0.123	1.513	2.000	

依照前面的检验规则，用于测量产业绩效要素变量的 15 个题目能够将得分高的组显著区分于得分低的组，这也意味着，测量总误差主要是由于组间误差引起，而不是由于组内引起，从总方差上来看也表现为显著性差异。除此，由 T 组检验所显示出的高分与低分两组的每个测量题项分别从其平均数值上看也是显著差异（即 P 值 <0.05），意味着两组的测量题项符合对鉴别度的要求，能鉴别出每个调查者不同的反应情况，且从 95% 水平置信区间可看出，每个测量题项中都不包含 0，这显示高分与低分组所测量的平均值其差异是显著的。从每个题项的 CR 值可看出，CR 均符合显著性要求（即 P 值 <0.001），表明分析所使用的问卷有较强的鉴别度，因而需将所有的测量题项保留用于继续分析使用，绩效构成要素测量题项 CR 值如表 5.15 所示。

表 5.15　　　　　　　　产业绩效构成要素测量题项的 CR 值

题目序号	CR	题项号	CR
T1	11.923	T10	10.944
T2	12.829	T12	8.369

续表

题目序号	CR	题项号	CR
T3	10.834	T14	11.329
T4	9.338	T15	6.420
T5	9.060	T16	10.619
T6	10.045	T17	12.063
T8	11.343	T18	14.124
T9	8.565	—	—

（2）产业政策构成要素项目分析。将 12 个用于测量产业政策的每个题项再做项目检验，检验情况如表 5.16 所示。

表 5.16　　　　产业政策测试题目分组独立 T 检验情况

题目序号		方差 Levene 值		平均值 t 检验					95% 水平区间	
		F 值	Sig 水平	t 值	df 值	Sig. 水平（双）	均值差值	标准误	下限值	上限值
T19	假设方差相等	5.810	0.017	7.107	191	0.000	1.115	0.157	0.805	1.424
	假设方差不相等			7.170	185.397	0.000	1.115	0.155	0.808	1.421
T20	假设方差相等	0.292	0.589	9.407	191	0.000	1.377	0.146	1.089	1.666
	假设方差不相等			9.382	186.993	0.000	1.377	0.147	1.088	1.667
T21	假设方差相等	10.568	0.001	8.960	191	0.000	1.344	0.150	1.048	1.640
	假设方差不相等			9.059	181.417	0.000	1.344	0.148	1.051	1.637
T22	假设方差相等	0.995	0.320	7.816	191	0.000	1.043	0.1334	0.779	1.306
	假设方差不相等			7.835	190.993	0.000	1.043	0.133	0.780	1.305
T23	假设方差相等	1.087	0.298	8.618	191	0.000	1.292	0.1499	0.996	1.588
	假设方差不相等			8.589	185.872	0.000	1.292	0.015	0.995	1.589
T24	假设方差相等	8.952	0.003	5.054	191	0.000	0.814	0.161	0.497	1.132
	假设方差不相等			5.104	183.739	0.000	0.814	0.160	0.500	1.129
T25	假设方差相等	3.512	0.062	11.370	191	0.000	1.5726	0.138	1.299	1.844
	假设方差不相等			11.328	185.271	0.000	1.572	0.139	1.298	1.846

题目序号		方差 Levene 值		平均值 t 检验							
		F 值	Sig 水平	t 值	df 值	Sig. 水平（双）	均值差值	标准误	95% 水平区间	
									下限值	上限值
T26	假设方差相等	1.178	0.279	9.140	191	0.000	1.403	0.154	1.100	1.706
	假设方差不相等			9.125	188.388	0.000	1.403	0.154	1.100	1.706
T27	假设方差相等	0.635	0.426	10.234	191	0.000	1.430	0.140	1.155	1.706
	假设方差不相等			10.202	186.393	0.000	1.430	0.140	1.154	1.707
T28	假设方差相等	0.289	0.591	8.307	191	0.000	1.190	0.144	0.907	1.473
	假设方差不相等			8.322	190.907	0.000	1.190	0.144	0.908	1.472
T29	假设方差相等	3.439	0.065	10.955	191	0.000	1.569	0.144	1.287	1.852
	假设方差不相等			10.887	180.493	0.000	1.569	0.144	1.285	1.854
T30	假设方差相等	0.294	0.588	9.649	191	0.000	1.425	0.148	1.134	1.716
	假设方差不相等	5.810		9.645	189.693	0.000	1.425	0.148	1.134	1.716

如前所述的判断，产业政策 12 个测量题项全部达到了鉴别要求，并且所显示出的高分与低分两组之间从其平均数值上看也是显著差异的，所有测量题项其 CR 值也都符合 P 值 <0.001 的要求，显示出用于测量产业政策的 12 个题项能够将每个调查者对问题的不同反应程度测试出来，需要将所有的测量题项保留下来用于后续的分析中，产业政策的测量题项其 CR 值如表 5.17 所示。

表 5.17　　　　　　　　产业政策构成要素测量题项的 CR 值

题目序号	CR 值	题目序号	CR 值
T19	7.170	T25	11.370
T20	9.407	T26	9.140
T21	9.059	T27	10.234
T22	7.816	T28	8.307
T23	8.618	T29	10.955
T24	5.104	T30	9.649

5.3.1.3 测量题项优化后的探索性分析

本书中实证分析运用了两个层面的问卷：产业发展绩效和产业政策问卷，每个层面的问卷均包含了不同的测量题项，本部分需要针对前述优化后的、用于测量产业绩效和产业政策层面的量表继续分析，从可靠性与有效性方面确保用于后续实证分析过程中的数据质量。

（1）信度分析。经过前面对各个测量题项的检验后，产业发展绩效要素问卷最终包含 15 个题项，产业政策要素包含 12 个题项（有一个合并项），因此对量表的分析不仅要从总体上测量其系数值，同时也要从每个小层面上测量其信度值。本轮测量使用克朗巴哈 α 值，并综合考查"折半信度（SHR 值）"两个方面的数值情况，每个层面的两个系数值分析结果分别如表 5.18 ~ 表 5.21 所示。

第一，特色产业发展绩效要素层面信度情况。上述调整后的用于测量特色产业发展绩效要素层面的问卷与测量小量表的信度检验情况如表 5.18、表 5.19 所示。

表 5.18　　　　　调整后特色产业发展绩效测量题项信度情况

测量题项 （Item 系数）	校正项总相关数 （CITC 系数值）	去掉测量题项的 Cronbach's Alpha 数值 （Cronbach's Alpha）
swsl	0.637	0.904
zcz	0.662	0.903
cyrs	0.596	0.906
pjzc	0.577	0.906
pjcl	0.538	0.908
jxse	0.628	0.905
sjgb	0.676	0.903
dscl	0.576	0.906
zyyt	0.655	0.904
pjlr	0.559	0.907
scxq	0.634	0.904
zbjs	0.438	0.911

测量题项 （Item 系数）	校正项总相关数 （CITC 系数值）	去掉测量题项的 Cronbach's Alpha 数值 （Cronbach's Alpha）
yftr	0.591	0.906
jsrc	0.643	0.904
ppys	0.708	0.902
Cronbach's Alpha 值		0.911
标准化后 Cronbach's Alpha		0.912
折半信度系数		0.814

表 5.19　　　　　调整后测量特色产业发展绩效分量表信度情况

被测变量	Cronbach's Alpha 值	折半信度系数	可靠判断
产业规模	0.841	0.738	可靠
产业结构	0.826	0.720	可靠
产业效率	0.841	0.846	可靠
产业潜力	0.858	0.853	可靠
总体情况	0.912	0.814	可靠

表 5.18 检验分析显示，总体上产业发展绩效优化后的 Cronbach's Alpha 值是 0.912，与理论要求的问卷信度要大于 0.8 的水平相符，而折半信度表现出与 Cronbach's Alpha 值一样的结果，结合表 5.19 的分量表信度分析表明，总信度比分量表的全部 Cronbach's Alpha 值要大，并且每个测量题项从其校正总相关性上看也都比 0.5 大（zbjs 接近 0.5），这个结果意味着用于测量产业政策的每个分量表间都表现为中度或中度以上相关性，即经过优化后的用于测量每个层面的测量题项不应去除。故此，优化后所用于测量产业发展绩效构成要素的分量表都表现为较高的信度，而每个测量题项之间所表现出来的内部一致性也都比较好。

第二，产业政策要素层面的问卷信度分析。将前面检验调整后的用于测量特色产业政策要素变量的问卷与其测量的小量表信度情况如表 5.20、表 5.21 所示。

表 5. 20　　　　　优化后的产业政策测量题项信度检验情况

测量题项 （Item 系数）	校正项总相关数 （CITC 系数值）	去掉测量题项的 Cronbach's Alpha 数值 （Cronbach's Alpha）
zjbz	0. 394	0. 852
ssyh	0. 524	0. 844
xmyd	0. 474	0. 847
rcfc	0. 392	0. 852
rzsc	0. 588	0. 839
xyfx	0. 522	0. 844
cgzh	0. 543	0. 842
cbjl	0. 558	0. 841
rzbz	0. 574	0. 840
tdpz	0. 565	0. 841
kczc	0. 586	0. 840
cqbh	0. 605	0. 838
Cronbach's Alpha 值		0. 855
标准化后 Cronbach's Alpha		0. 854
折半信度系数		0. 721

表 5. 21　　　　　优化后测量产业政策分量表信度

被测变量	Cronbach's Alpha 值	折半信度系数	可靠判断
支持类产业政策	0. 758	0. 733	可靠
促进类产业政策	0. 850	0. 821	可靠
规范类产业政策	0. 858	0. 858	可靠
总体情况	0. 854	0. 721	可靠

　　分析原理与上述相同，表 5. 20 分析结果表明，总体上产业政策的 Cronbach's Alpha 值是 0. 854，大于理论上对总问卷信度的要求，且折半信度系数表现出与 Cronbach's Alpha 值基本一致的结果，结合表 5. 21 分量表检验表明，用于测量产业政策的每个题项之间的校正总相关与产业政策类别测量层面间两者都呈中度或中度以上相关性，即用于产业政策的所有题项经过优化后的测量题项都需保留以用于后续的分析中。故此，产业政

量表对其进行优化后所表现出来的信度比较高，且每个测量题项之间所表现出的内部一致性也较高。

（2）效度分析。这里使用研究中运用频率较高的内容效度法，并结合建构效度方法同时进行。

第一，内容效度。使用此效度方法其目的是测量所设计应用的问卷在内容方面，或者用于测量的题目在应用分析时其契合度及代表性方面是否与要求相符。测试后如果内容效度比较大，意味着所设计的问卷内容能够从不同方面反映出所研究的问题，相反则表明不能较好或者不能反映出所研究问题的不同方面。

本书在设计产业发展绩效要素、产业政策各个测量题项时，首先，对相关文献进行了大量的查询与阅读，即使用文献研究法使得本书的问卷设计是基于诸多学者已有研究结果之上，从而在相关理论与文献支撑的前提下最终构建形成了本书中需要用到的原始问卷。其次，对经上述所形成的原始问卷在进入正式调查阶段前，不仅与此方面相关的专家学者进行了咨询，而且也与实践中从事此方面的管理者、企业负责人员展开了较为深入的访谈，然后对原始问卷进行了修改，从而确保本书所使用的问卷能够从理论到实践均可以获取较好的结果。最后，调研经历了初测问卷与正式调研两个过程，在初测阶段，选取合适的测试人员初测后，对原始初测问卷有关语义不清、表述不当、含糊等问题项做了修改与调整，从而确保用于正式调研的问卷测量题项能够以更通俗易懂、更简洁直观的形式予以表达。因此，在经过上述三个方面仔细修改与测试后，本书尽可能地确保后续用到的实证数据在内容效度方面表现较好。

第二，建构效度。使用建构效度主要是用因子分析法从统计检验的角度实施，即依据标准运用指标 KMO、测量题项总计贡献度与测量题项因子负载的大小情况对问卷的建构效度作出判别。

先对特色产业发展绩效变量做判别，测量特色产业发展绩效 KMO 值情况如表 5.22 所示。

表 5.22　　　　　　　调整后的特色产业发展绩效要素变量

KMO		0.905
Bartlett 检验值	近似的卡方值	1778.034
	Df	105
	Sig.	0.000

　　表 5.22 显示，优化后的产业发展绩效构成要素计算的 KMO 值为
0.905，与 1 的值比较接近（一般 KMO 越靠近数 1，意味着变量越相关，
表示越适合继续做后面的因子分析），并且比其下限 0.8 要大，而对球度
检验其显著性也远小于数值 0.001，这表示产业发展绩效要素每个测量题
项之间其相关性和单位矩阵表现为显著差异，即使用的测量问卷最终检测
的结果显示适合对做其进一步因子分析，每个测量题项均可继续进行
分析。

　　对优化调整后的产业发展绩效要素再进一步做探索性因子分析的结果
如表 5.23、表 5.24 所示。

表 5.23　　　　调整后的特色产业发展绩效变量主成分解释情况

提取因子	初始特征			提炼平方和负载			旋转的平方和负载		
	总和	方差比例（%）	累加比例（%）	总和	方差比例（%）	累加占比（%）	总和	方差比例（%）	累加占比（%）
1	6.755	45.032	45.032	6.755	45.032	45.032	3.176	21.174	21.174
2	1.579	10.527	55.559	1.579	10.527	55.559	2.736	18.243	39.417
3	1.246	8.306	63.865	1.246	8.306	63.865	2.384	15.891	55.308
4	1.009	6.728	70.594	1.009	6.728	70.594	2.293	15.286	70.594
5	0.637	4.248	74.842						
6	0.548	3.653	78.495						

表 5.24　　　　优化后的产业发展绩效变量旋转成分矩阵

测量题项	公因子			
	1	2	3	4
swsl	0.207	0.181	0.294	0.773
zcz	0.138	0.362	0.252	0.744
cyrs	0.220	0.208	0.106	0.823
pjzc	0.207	0.081	0.805	0.267
pjcl	0.078	0.269	0.806	0.128
jxse	0.232	0.249	0.766	0.179
sjgb	0.289	0.699	0.154	0.305

续表

测量题项	公因子			
	1	2	3	4
dscl	0. 166	0. 777	0. 119	0. 199
zyyt	0. 259	0. 705	0. 233	0. 214
pjlr	0. 147	0. 789	0. 194	0. 108
scxq	0. 745	0. 159	0. 223	0. 184
zbjs	0. 764	0. 115	− 0. 007	0. 026
yftr	0. 739	0. 260	0. 074	0. 146
jsrc	0. 735	0. 222	0. 185	0. 185
ppys	0. 733	0. 137	0. 346	0. 253

表 5. 23 可以看出,优化后的产业发展绩效要素每个测量题项可得到 4 个主成分,即可以抽取到 4 个公因子,其解释能力依次为 45. 032% 、10. 527% 、8. 306% 、6. 728% ,抽取的 4 个公因子其累加方差解释是 70. 594% ,但由于自第五个公因子开始逐渐在减小,故可忽视。表 5. 24 对其要素进行旋转后抽取,矩阵中若应用载荷量大于 0. 6 做判断标准,可发现,在旋转抽取后的各因子中,其所涵盖的几个变量和前述依据理论与文献层面提炼的结果较为一致,即它们所表达的含义维度是一样的。所以,综合比较效度测试和探索因素两个检验结果,进行调整后的特色产业发展绩效要素问卷的测试题目中所蕴含的意义和前述的分析结果较为相符,故所有变量均可进入后面的数据分析。

然后对产业政策变量进行分析,对产业政策变量计算 KMO 值如表 5. 25 所示。

表 5. 25 调整后的产业政策效度情况

KMO		0. 853
Bartlett 检验值	近似卡方	1147. 814
	Df	66
	Sig.	0. 000

表 5.25 表明调整后的产业政策其 KMO 值是 0.853，与标准 1 较接近，且也比要求的下限 0.8 要大，对其进行球度检验显示出显著性要远小于 0.001，这表示产业政策要素每个测量题项间的相关性和单位矩阵表现为显著差别，即测量问卷最终检测的结果表明能够进一步进行因子分析，每个题目均可继续进行分析。

对调整后的产业政策要素再进一步作探索性因子分析结果如表 5.26、表 5.27 所示。

表 5.26　　　　　调整后的产业政策主成分解释总变异情况

提炼因子	初始特征			提炼的平方和负载			旋转的平方和负载		
	总和	方差比例（%）	累加比例（%）	总和	方差比例（%）	累加比例（%）	总和	方差比例（%）	累加比例（%）
1	4.669	38.910	38.910	4.669	38.910	38.910	2.848	23.731	23.731
2	1.756	14.632	53.542	1.756	14.632	53.542	2.809	23.404	47.136
3	1.568	13.066	66.608	1.568	13.066	66.608	2.337	19.472	66.608
4	0.731	6.088	72.696						
5	0.572	4.769	77.465						

表 5.27　　　　　优化后的产业政策变量旋转成分矩阵

测量题项	成分		
	1	2	3
zjbz	0.041	0.155	0.719
rzbz	0.769	0.186	0.161
ssyh	0.177	0.143	0.816
xmyd	0.080	0.242	0.721
tdpz	0.810	0.120	0.172
rcfc	0.312	-0.102	0.691
rzsc	0.220	0.787	0.142
xyfx	0.080	0.780	0.200
cgzh	0.228	0.797	0.039
kczc	0.824	0.163	0.137

续表

测量题项	成分		
	1	2	3
cbjl	0.167	0.835	0.101
cqbh	0.807	0.246	0.104

表 5.26 可以看出，优化后的产业政策变量的每个测量题项可得到 3 个主成分，即可以抽取到 3 个公因子，其解释能力分别为 38.910%、14.632%、13.066%，抽取的三个公因子累积方差解释可达到 66.608%，但由于自第四个公因子开始逐渐趋弱，故可忽视。表 5.27 对其变量进行旋转后抽取，旋转矩阵中若应用载荷量大于 0.6 做判断标准，可发现，旋转抽取后的各因子中，所涵盖的几个变量和前述依据理论与文献层面提炼的结果较为一致，即它们所表达的含义维度是一样的。所以，综合比较效度测试和探索因素两个结果，进行调整后的产业政策问卷的测试题目中所蕴含的意义和前述分析比较结果较为相符，故所有变量均可进入后面的数据分析。

5.3.2 模型估计与修正

5.3.2.1 区域特色产业发展绩效结构模型

下面继续对特色产业绩效模型做进一步的验证性因子分析，分析中使用的工具是 AMOS 软件，对建构的模型从参数估计与拟合两个方面进行评估，过程如以下四步。

（1）产业发展绩效测量模型参数估计。结合上一步探索分析结果，对产业发展绩效测量模型估计时，利用最大似然估计法去估算区域特色产业发展绩效模型中每个变量，模型估算结果如图 5.1 所示，后续将对此模型结合理论与实践意义进行修正。

（2）产业发展绩效模型拟合情况。对产业发展绩效模型拟合时从因子负荷情况与拟合指标评判两个层面综合评估，若对评估时模型中每一个参数估计后其 P 值 <0.001，就表明区域特色产业发展绩效模型通过统计性检验，区域特色产业发展绩效结构模型估计情况如表 5.28 ~ 表 5.31 所示。

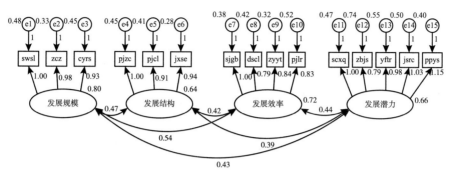

图 5.1　绩效结构测量模型参数估计结果

表 5.28 显示出，产业绩效模型的每个测量变量其从临界比率（即 CR）上看全部大于 1.96，而 CR 的显著性 P 值也全部比 0.001 要小，这意味着每个变量的载荷系数从 0.001 水平上看都显著通过，这再次验证了本书之前所进行的探索因子分析结果，即区域特色产业发展绩效测量模型通过了检验。

表 5.28		产业绩效模型参数估计				
变量关系			Estimate	S. E.	C. R.	P
swsl	<---	发展规模	1.000			
zcz	<---	发展规模	0.982	0.077	12.808	***
cyrs	<---	发展规模	0.925	0.077	12.072	***
jxse	<---	发展结构	0.943	0.080	11.818	***
sjgb	<---	发展效率	1.000			
dscl	<---	发展效率	0.787	0.070	11.173	***
zyyt	<---	发展效率	0.838	0.068	12.340	***
scxq	<---	发展潜力	1.000			
pjcl	<---	发展结构	0.912	0.083	10.973	***
pjzc	<---	发展结构	1.000			
pjlr	<---	发展效率	0.827	0.076	10.813	***
jsrc	<---	发展潜力	0.985	0.089	11.088	***
zbjs	<---	发展潜力	0.786	0.089	8.868	***

变量关系		Estimate	S. E.	C. R.	P
yftr	<--- 发展潜力	1.035	0.089	11.626	***
ppys	<--- 发展潜力	1.148	0.091	12.580	***

注：*** 表示各项参数估计的显著性 P 值达到要求的 0.001 水平。

观察区域特色产业发展绩效 4 个潜变量的协方差结果发现，潜变量的临界 CR 值全部大于要求的 1.96，且其显著性 P 值也全部达到要求的 0.001 水平，这意味着 4 个潜变量彼此之间存在着显著共变性，即该模型可通过检验，如表 5.29 所示。

表 5.29　　　　　　　　　　　特色产业绩效模型协方差

变量关系			Estimate	S. E.	C. R.	P
发展规模	---	发展结构	0.468	0.073	6.445	***
发展结构	---	发展效率	0.420	0.067	6.268	***
发展效率	---	发展潜力	0.444	0.068	6.509	***
发展规模	---	发展效率	0.542	0.078	6.963	***
发展结构	---	发展潜力	0.388	0.064	6.055	***
发展规模	---	发展潜力	0.435	0.070	6.171	***

注：*** 表示各项参数估计的显著性 P 值达到要求的 0.001 水平。

由表 5.30 看出，区域特色产业绩效的 4 个潜变量及其 15 个测量变量方差均大于零，且全部符合 0.001 显著性要求，CR 值 >1.96 的标准，这表示本书构建的区域特色产业绩效测量模型界定是正确的，且模型适配度良好。

表 5.30　　　　　　　　　　　产业绩效测量模型方差

变量	Estimate	S. E.	C. R.	P
发展规模	0.798	0.118	6.779	***
发展结构	0.642	0.099	6.486	***
发展效率	0.721	0.103	7.011	***
发展潜力	0.665	0.101	6.554	***
e1	0.479	0.061	7.916	***

变量	Estimate	S. E.	C. R.	P
e2	0.327	0.048	6.779	***
e3	0.453	0.040	11.344	***
e4	0.453	0.040	11.344	***
e5	0.413	0.051	8.130	***
e6	0.280	0.042	6.668	***
e7	0.383	0.050	7.617	***
e8	0.418	0.047	8.974	***
e9	0.316	0.039	8.079	***
e10	0.516	0.056	9.166	***
e11	0.469	0.054	8.662	***
e12	0.735	0.074	9.925	***
e13	0.550	0.061	9.024	***
e14	0.497	0.057	8.639	***
e15	0.402	0.053	7.548	***

注：*** 表示各项参数估计的显著性 P 值达到要求的 0.001 水平。

由上述分析可知，区域特色产业绩效测量模型的 19 个参数全部符合标准 0.001 的显著水平，即显示本书构建的区域特色产业绩效测量模型有较好的内在质量，将本次模型的拟合情况结果整理后如表 5.31 所示。

表 5.31 产业绩效测量模型拟合评估

判断指标	判断标准	测量值	判断结果
χ^2	$P > 0.05$	$p = 0.000$	未通过
NC	NC $= \chi^2/df$，当 NC $\in (1, 3)$ 是简洁适配型，NC $\in (5, \infty)$ 需适度修正	$\chi^2/df = 1.617$	通过
GFI	数值需大于 0.90，越大效果越好	0.928	通过
PGFI	数值需大于 0.50，越大效果越好	0.657	通过
IFI	数值需大于 0.90，越大效果越好	0.970	通过
SRMR	数值需小于 0.05，越小效果越好	0.0418	基本通过

判断指标	判断标准	测量值	判断结果
TLI	数值需大于0.90，越大效果越好	0.962	通过
RMSEA	数值需小于0.05（适配效果较佳），数值小于0.08（适配恰当）	0.052	基本通过
CFI	数值大于0.90，越大效果越好	0.970	通过
ECVI	ECVI理论模型的值 < 独立模型的值，且 < 饱和模型的值	独立模型：8.062 饱和模型：1.043 理论模型：0.902	通过
PNFI	数值需大于0.50，越大效果越好	0.749	通过

上述对区域特色产业绩效模型验证性因素分析的各个评判指标中，指标 χ^2 没有通过判定要求，指标 SRMR、RMSEA 基本通过，这意味着问卷所获取到的数据没有完全与本书前面所构建的理论模型相契合，若要使问卷获取到的样本数据和所构建的理论模型达到较为完美的拟合效果，从而对区域特色产业政策实施绩效予以更合理的解释，就需结合拟合判定要求与估计后所得结果将绩效模型做出适度修正后再重新拟合。

（3）特色产业绩效结构模型修正。以上模型验证中的样本数据和所构建的理论模型拟合不好的情况是比较正常的，因为分析时所构建的理论模型是依据理论与文献视角，即此时所提出的模型只是普通的一般理论模型，但实证分析中的数据也只对样本区（宁夏）获取，样本所表现出来的实际情况与其绩效结果也必然呈现出某种特殊性，所以使得初期所构建的一般理论模型与实际的模型间表现出某种差别，从而使得对该理论模型尝试拟合后其效果并不是很好。故而，为确保经理论所构建的模型能较好地对区域特色产业的现实情况作出恰当解释，必须要对理论模型做出适度的修正处理。

通常对概念模型做出修正时，AMOS 分析工具常常参考 MI 指数与 CR 临界值两个指标，除此之外，对其修正时也应综合考虑理论要求与学科常识才能做出判定。对上面理论模型的拟合，运用这两个修正指标对之修正后的区域特色产业绩效模型参数与估计值如表5.32~表5.35所示。

表 5. 32　　　　　　　　　　　产业绩效测量模型参数

	变量关系		Estimate	S. E.	C. R.	P
swsl	<---	发展规模	1. 000			
zcz	<---	发展规模	0. 988	0. 053	18. 610	***
cyrs	<---	发展规模	0. 926	0. 068	13. 577	***
jxse	<---	发展结构	0. 884	0. 048	18. 324	***
sjgb	<---	发展效率	1. 000			
dscl	<---	发展效率	0. 764	0. 066	11. 547	***
zyyt	<---	发展效率	0. 884	0. 048	18. 324	***
scxq	<---	发展潜力	1. 000			
pjcl	<---	发展结构	0. 884	0. 069	12. 828	***
pjzc	<---	发展结构	1. 000			
pjlr	<---	发展效率	0. 786	0. 075	10. 489	***
yftr	<---	发展潜力	0. 948	0. 074	12. 824	***
zbjs	<---	发展潜力	0. 793	0. 081	9. 813	***
jsrc	<---	发展潜力	0. 988	0. 053	18. 610	***
ppys	<---	发展潜力	1. 158	0. 071	16. 251	***

注：*** 表示各项参数估计的显著性 P 值达到要求的 0. 001 水平。

表 5. 33　　　　　　　　产业绩效测量模型标准化值

	变量关系		Estimate
swsl	<---	发展规模	0. 789
zcz	<---	发展规模	0. 845
cyrs	<---	发展规模	0. 778
jxse	<---	发展结构	0. 793
sjgb	<---	发展效率	0. 808
dscl	<---	发展效率	0. 693
zyyt	<---	发展效率	0. 807
scxq	<---	发展潜力	0. 776
pjcl	<---	发展结构	0. 736
pjzc	<---	发展结构	0. 776

续表

变量关系			Estimate
pjlr	<---	发展效率	0.659
yftr	<---	发展潜力	0.715
zbjs	<---	发展潜力	0.608
jsrc	<---	发展潜力	0.729
ppys	<---	发展潜力	0.837

表 5.34　　　　　　　　　　产业绩效模型协方差估计

变量关系			Estimate	S. E.	C. R.	P
发展规模	<--->	发展结构	0.481	0.067	7.152	***
发展结构	<--->	发展效率	0.431	0.058	7.476	***
发展效率	<--->	发展潜力	0.454	0.063	7.180	***
发展规模	<--->	发展效率	0.538	0.074	7.294	***
发展结构	<--->	发展潜力	0.400	0.064	6.284	***
发展规模	<--->	发展潜力	0.431	0.058	7.476	***
e8	<--->	e10	0.123	0.023	5.325	***
e13	<--->	e14	0.123	0.023	5.325	***
e6	<--->	e10	−0.071	0.031	−2.321	0.020
e9	<--->	e11	0.123	0.023	5.325	***
e10	<--->	e14	0.075	0.032	2.327	0.020
e4	<--->	e12	0.481	0.067	7.152	***

注：*** 表示各项参数估计的显著性 P 值达到要求的 0.001 水平。

表 5.35　　　　　　　　　　产业绩效模型方差估计

变量	Estimate	S. E.	C. R.	P
发展规模	0.795	0.099	8.012	***
发展结构	0.672	0.070	9.580	***
发展效率	0.704	0.088	8.020	***
发展潜力	0.672	0.070	9.580	***
e1	0.482	0.059	8.210	***

续表

变量	Estimate	S. E.	C. R.	P
e2	0.310	0.031	10.055	***
e3	0.444	0.023	19.258	***
e4	0.444	0.023	19.258	***
e5	0.444	0.023	19.258	***
e6	0.310	0.031	10.055	***
e7	0.375	0.049	7.663	***
e8	0.444	0.023	19.258	***
e9	0.295	0.039	7.620	***
e10	0.567	0.056	10.095	***
e11	0.444	0.023	19.258	***
e12	0.722	0.073	9.847	***
e13	0.577	0.041	14.233	***
e14	0.577	0.041	14.233	***
e15	0.384	0.051	7.543	***

注：*** 表示各项参数估计的显著性 P 值达到要求的 0.001 水平。

　　表 5.32 产业绩效测量模型参数结果显示各个测量题项均通过检验，表 5.33 显示测量标准化值均大于 0.6，表 5.34 的协方差与表 5.35 方差估计结果均通过显著性检验，表明产业绩效测量修正模型符合统计检验要求，最终修正后的产业绩效未标准化模型估算结果如图 5.2 所示。

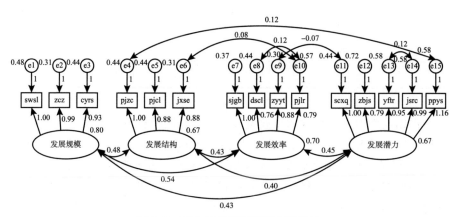

图 5.2　产业绩效测量模型参数估计

表 5.36 是区域特色产业绩效测量模型中各个变量的信度值，其中除 zbjs、pjlr、dscl 三个变量值较小外，其余的变量信度值都大于 0.5 的水平，意味着特色产业绩效变量可以用来解释测量变量的差异程度，或者说适当修正后的区域特色产业绩效模型其内在质量较好，可以接受。

表 5.36 产业绩效测量变量信度值

变量	Estimate
ppys	0.701
pjcl	0.542
jsrc	0.532
yftr	0.512
zbjs	0.369
scxq	0.602
pjlr	0.434
zyyt	0.651
dscl	0.481
sjgb	0.653
jxse	0.629
pjzc	0.602
cyrs	0.606
zcz	0.714
swsl	0.623

根据前面对产业绩效测量模型分析可知，区域特色产业发展绩效要素可以由发展规模、结构、效率与潜力四个维度（潜变量）来构成，而表 5.37 中则显示每个维度彼此呈中度相关，这进一步表明四个维度的潜变量可以用于测量另一潜变量——产业发展绩效，这又再次验证了实证结果与理论模型的一致性。

表 5.37　　　　　　　　　　　产业绩效测量变量相关性

变量关系			Estimate
发展规模	<--->	发展结构	0.65
发展结构	<--->	发展效率	0.63
发展效率	<--->	发展潜力	0.66
发展规模	<--->	发展效率	0.72
发展结构	<--->	发展潜力	0.60
发展规模	<--->	发展潜力	0.59

（4）绩效结构模型。特色产业发展绩效分维度的各个测量指标变量在通过上述多次分析检验后，结果产生了 15 个用于后续分析使用的指标，因而经过修正后形成了区域特色产业发展绩效结构测量模型，如图 5.3 所示。

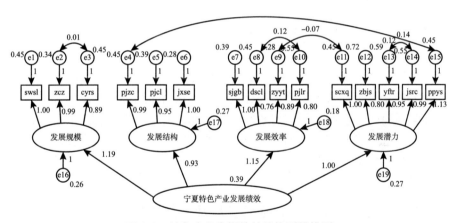

图 5.3　特色产业发展绩效结构测量模型

对此产业绩效修正模型进行拟合评估时仍沿用上面的方法，特色产业绩效模型检验情况如表 5.38 所示。

表 5.38　　　　　　　　　特色产业绩效修正模型拟合结果

判断指标	判断标准	测量值	判断结果
χ^2	P>0.05	P=0.156	通过

判断指标	判断标准	测量值	判断结果
NC	NC = χ^2/df, 当 NC ∈ (1, 3) 是简洁适配型, NC ∈ (5, ∞) 需适度修正	1.145	通过
GFI	数值需大于 0.90, 越大效果越好	0.943	通过
PGFI	数值需大于 0.50, 越大效果越好	0.754	通过
IFI	数值需大于 0.90, 越大效果越好	0.992	通过
SRMR	数值需小于 0.05, 越小效果越好	0.0399	通过
TLI	数值需大于 0.90, 越大效果越好	0.991	通过
RMSEA	数值需小于 0.05 (适配效果较佳), 数值小于 0.08 (适配恰当)	0.025	通过
CFI	数值需大于 0.90, 越大效果越好	0.991	通过
ECVI	ECVI 理论模型的值 < 独立模型的值, 并且 < 饱和模型的值	独立模型: 8.062 饱和模型: 1.043 理论模型: 0.687	通过
PNFI	数值需大于 0.50, 越大效果越好	0.859	通过

由表 5.38 列出的各项指标发现, 区域特色产业绩效测量模型修正以后的判断指标全部得到了明显的优化, 即指标均达到统计要求的标准, 这显示区域特色产业绩效模型有较好的拟合性。因此, 修正后的区域特色产业绩效概念模型和实证数据取得了优良拟合性, 可以接受本书在理论分析阶段中所提的概念假设模型, 即本书运用修正后模型来分析区域特色产业发展绩效结构模型。

5.3.2.2 产业政策实施对区域特色产业绩效影响效应模型

前述基于探索性分析之上对区域特色产业发展绩效结构模型做了验证性分析, 验证结果进一步显示, 本书所建立的区域特色产业发展绩效结构模型与第 3、第 4 章经理论与文献分析得到的模型维度相同, 如图 4.1 所示。依据相同的分析思路, 接下来根据图 4.2 将产业政策实施对区域特色产业发展绩效影响效应模型展开进一步的检验分析。对产业政策与区域特色产业发展绩效影响效应情况展开数据分析, 并测量具体的影响情况, 为第 6 章有针对性地促进区域特色产业绩效提升的对策建议提供数据证据。

此部分所运用的工具与估计拟合指标同上, 过程如下。

（1）产业政策实施对区域特色产业绩效影响效应模型参数估计。将图
4.2 建立的产业政策实施对区域特色产业绩效影响效应概念模型运用
AMOS 工具，结合本章对区域特色产业发展绩效、产业政策探索分析的最
后结果，用最大似然法从产业政策对产业发展各绩效要素的影响效应入
手，拟合估计产业政策实施对区域特色产业发展绩效影响效应模型的参
数，模型如图 5.4 所示。

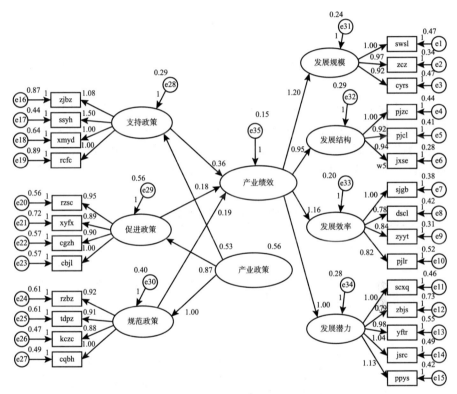

图 5.4　产业政策实施对区域特色产业绩效影响效应模型估计结果

（2）影响效应模型测量模型拟合评估。由于图 5.4 的影响效应模型中
包含着产业政策子模型部分，因此依据结构模型的要求，需要先对影响效
应模型中的产业政策测量模型做出分析检验后，再对影响效应模型从整体
角度做出拟合评估。

第一，产业政策测量模型。对产业政策子模型实施验证因子分析的思
路与步骤与产业绩效模型相同，产业政策子模型构建如图 5.5 所示。

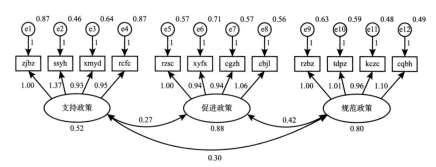

图 5.5　产业政策测量模型

产业政策子测量模型所使用的拟合原理与上述相同，估计情况如表5.39～表5.41 所示。

由表5.39 可知，产业政策各个类别政策的临界 CR 值全部比要求的1.96 大，且 P 概率值也全部远小于0.001，这表明各个产业类别政策的每个载荷值是显著的，这也正好印证了本书前述的探索分析是有效的，也就意味着产业政策子测量模型可以接受后续的分析。

表5.39　　　　　　　　产业政策测量模型参数估计结果

变量关系			Estimate	S. E.	C. R.	P
xmyd	<---	支持政策	0.931	0.125	7.442	***
rcfc	<---	支持政策	0.948	0.135	7.004	***
rzsc	<---	促进政策	1.000			
xyfx	<---	促进政策	0.943	0.088	10.749	***
cgzh	<---	促进政策	0.942	0.083	11.297	***
cbjl	<---	促进政策	1.062	0.089	11.868	***
rzbz	<---	规范政策	1.000			
tdpz	<---	规范政策	1.009	0.092	11.018	***
kczc	<---	规范政策	0.962	0.085	11.273	***
cqbh	<---	规范政策	1.096	0.094	11.703	***
zjbz	<---	支持政策	1.000			
ssyh	<---	支持政策	1.371	0.167	8.232	***

注：*** 表示各项参数估计的显著性 P 值达到要求的0.001 水平。

从各类别产业政策的潜变量间协方差估计来看，三个类别政策的潜变量间其临界 CR 值也全部大于 1.96，显著性 P 值达 0.001 水平，这进一步显示出三种产业政策类别变量间明显的共变特点，即产业政策测量模型有效，如表 5.40 所示。

表 5.40　　　　　　　　　　　产业政策测量模型协方差

变量关系			Estimate	S. E.	C. R.	P
支持政策	<--->	促进政策	0.265	0.064	4.168	***
支持政策	<--->	规范政策	0.295	0.064	4.626	***
促进政策	<--->	规范政策	0.422	0.078	5.424	***

注：*** 表示各项参数估计的显著性 P 值达到要求的 0.001 水平。

表 5.41 显示三个产业政策类别潜变量与 12 个测量变量方差均大于零，且 P 值均达到 0.001 的显著性，CR 值均大于 1.96 的水平，这意味着此产业政策的测量模型界定没有错误，且产业政策模型适配性较好。

表 5.41　　　　　　　　　　　产业政策测量模型方差

变量	Estimate	S. E.	C. R.	P
支持政策	0.518	0.113	4.583	***
促进政策	0.883	0.134	6.601	***
规范政策	0.799	0.127	6.279	***
e1	0.874	0.096	9.102	***
e2	0.459	0.090	5.116	***
e3	0.636	0.073	8.757	***
e4	0.868	0.094	9.269	***
e5	0.569	0.072	7.898	***
e6	0.711	0.081	8.734	***
e7	0.573	0.070	8.243	***
e8	0.558	0.075	7.470	***
e9	0.626	0.073	8.568	***
e10	0.590	0.070	8.386	***
e11	0.476	0.059	8.087	***
e12	0.492	0.066	7.403	***

注：*** 表示各项参数估计的显著性 P 值达到要求的 0.001 水平。

　　由上述分析可知，产业政策测量模型 15 个参数全部符合标准 0.001 的显著水平，即显示本书构建的产业政策测量模型有较好的内在质量，将本次模型的拟合情况结果整理后得到表 5.42。

表 5.42　　　　　　　　　　政策测量模型拟合评估情况

判断指标	判断标准	测量值	判断结果
χ^2	P > 0.05	p = 0.007	未通过
NC	NC = χ^2/df，当 NC ∈（1，3）是简洁适配型，NC ∈（5，∞）需适度修正	χ^2/df = 1.552	通过
GFI	数值需大于 0.90，越大效果越好	0.947	通过
PGFI	数值需大于 0.50，越大效果越好	0.619	通过
IFI	数值需大于 0.90，越大效果越好	0.975	通过
SRMR	数值需小于 0.05，越小效果越好	0.0456	勉强通过
TLI	数值需大于 0.90，越大效果越好	0.967	通过
RMSEA	数值需小于 0.05（适配效果较佳），数值小于 0.08（适配恰当）	0.049	勉强通过
CFI	数值需大于 0.90，越大效果越好	0.975	通过
ECVI	ECVI 理论模型的值 < 独立模型的值，并且 < 饱和模型的值	独立模型：5.202 饱和模型：0.678 理论模型：0.579	通过
PNFI	数值需大于 0.50，越大效果越好	0.721	通过

　　上述对产业政策模型进行的验证性因素分析的各个评判指标中，χ^2 指标、RMSEA 指标、SRMR 指标没有或勉强通过了判断要求，这意味着问卷所获取到的样本数据没有很好的与前面所构建的理论模型相契合，若要使问卷获取到的样本数据和所构建的理论模型达到较为完美的拟合效果，从而对产业政策结构予以更合理的解释，就需要结合拟合判定的要求与估算后所得结果对模型做出适度修正，然后再重新拟合，经适度修正处理后的产业政策测量模型如表 5.43 ~ 表 5.46 所示。

表 5.43 产业政策测量模型参数

变量关系			Estimate	S. E.	C. R.	P
xmyd	<---	支持政策	0.934	0.123	7.585	***
rcfc	<---	支持政策	0.945	0.131	7.199	***
rzsc	<---	促进政策	1.000			
xyfx	<---	促进政策	0.944	0.087	10.794	***
cgzh	<---	促进政策	0.934	0.083	11.236	***
cbjl	<---	促进政策	1.046	0.088	11.864	***
rzbz	<---	规范政策	1.000			
tdpz	<---	规范政策	0.998	0.091	10.951	***
kczc	<---	规范政策	0.943	0.083	11.314	***
cqbh	<---	规范政策	1.099	0.093	11.787	***
zjbz	<---	支持政策	1.000			
ssyh	<---	支持政策	1.331	0.160	8.336	***

注：*** 表示各项参数估计的显著性 P 值达到要求的 0.001 水平。

表 5.44 产业政策测量模型估计参数

变量关系			Estimate
xmyd	<---	支持政策	0.654
rcfc	<---	支持政策	0.594
rzsc	<---	促进政策	0.781
xyfx	<---	促进政策	0.726
cgzh	<---	促进政策	0.754
cbjl	<---	促进政策	0.795
rzbz	<---	规范政策	0.751
tdpz	<---	规范政策	0.755
kczc	<---	规范政策	0.771
cqbh	<---	规范政策	0.817
zjbz	<---	支持政策	0.619
ssyh	<---	支持政策	0.811

表 5. 45　　　　　　　　产业政策测量模型协方差估计

变量关系			Estimate	S. E.	C. R.	P
支持政策	<--->	促进政策	0.278	0.065	4.269	***
支持政策	<--->	规范政策	0.294	0.064	4.595	***
促进政策	<--->	规范政策	0.435	0.079	5.541	***
e4	<--->	e11	0.197	0.052	3.784	***
e8	<--->	e4	−0.149	0.055	−2.711	0.007

注：*** 表示各项参数估计的显著性 P 值达到要求的 0.001 水平。

表 5. 46　　　　　　　　产业政策测量模型方差估计

变量	Estimate	S. E.	C. R.	P
支持政策	0.533	0.114	4.660	***
促进政策	0.885	0.134	6.614	***
规范政策	0.803	0.127	6.301	***
e1	0.860	0.095	9.028	***
e2	0.490	0.088	5.542	***
e3	0.621	0.072	8.643	***
e4	0.872	0.094	9.248	***
e5	0.567	0.072	7.895	***
e6	0.708	0.081	8.724	***
e7	0.585	0.070	8.340	***
e8	0.562	0.074	7.565	***
e9	0.622	0.073	8.543	***
e10	0.604	0.071	8.485	***
e11	0.486	0.059	8.217	***
e12	0.482	0.066	7.303	***

注：*** 表示各项参数估计的显著性 P 值达到要求的 0.001 水平。

　　表 5.43 产业政策测量模型参数结果显示各个测量题项均通过检验，表 5.44 显示测量标准化值均大于或接近 0.6，表 5.45 的协方差与表 5.46 方差估计结果均通过显著性检验，以上表明产业政策测量修正模型符合统计检验要求，最终修正后的产业政策未标准化模型如图 5.6 所示。

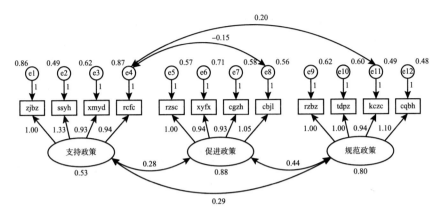

图 5.6   政策测量模型参数估计

表 5.47 显示产业政策测量模型中的各变量信度系数中，除 rcfc、zjbz 变量较小，其余变量均超过或接近 0.5 的数值，这反映出产业政策变量可以用来解释测量变量的差异程度，意味着适当修正后的产业政策模型有较好的内在质量，可以接受。

表 5.47 　　　　　　　　　　　　产业政策测量变量信度值

变量	Estimate
ssyh	0.658
zjbz	0.383
cqbh	0.668
kczc	0.595
tdpz	0.570
rzbz	0.563
cgzh	0.569
xyfx	0.527
rcfc	0.353
xmyd	0.428
rzsc	0.609
cbjl	0.632

根据前面对产业政策测量模型分析可知，区域特色产业政策可以由产业支持类政策、产业促进类政策和产业引导类政策三个维度（潜变量）来构成，表5.48中显示每个维度间彼此呈中度相关，这进一步表明三个维度的潜变量可以用于测量另一潜变量——产业政策，这又再次验证了实证结果与理论模型的一致性。

表5.48　　　　　　　　　　产业政策测量变量相关性

变量关系			Estimate
支持政策	<--->	促进政策	0.41
支持政策	<--->	规范政策	0.45
促进政策	<--->	规范政策	0.52

对此产业政策模型进行拟合评估时仍沿用上面的方法，产业政策模型的拟合情况如表5.49所示。

表5.49　　　　　　　　　　产业政策修正模型拟合结果

判断指标	判断标准	测量值	判断结果
χ^2	P > 0.05	P = 0.207	通过
NC 值	NC = χ^2/df，当 NC ∈（1，3）是简洁适配型，NC ∈（5，∞）需适度修正	1.159	通过
GFI	数值需大于0.90，越大效果越好	0.963	通过
PGFI	数值需大于0.50，越大效果越好	0.605	通过
IFI	数值需大于0.90，越大效果越好	0.993	通过
SRMR	数值需小于0.05，越小效果越好	0.0386	通过
TLI	数值需大于0.90，越大效果越好	0.990	通过
RMSEA	数值需小于0.05（适配效果较佳），数值小于0.08（适配恰当）	0.026	通过
CFI	数值需大于0.90，越大效果越好	0.993	通过
ECVI	ECVI 理论模型的值＜独立模型的值，并且＜饱和模型的值	独立模型：5.202 饱和模型：0.678 理论模型：0.499	通过
PNFI	数值需大于0.50，越大效果越好	0.706	通过

由表 5.49 显示的各指标发现,产业政策测量模型适度修正后的判定指标全部得到了明显的优化,即指标均达到统计要求的标准,表明产业政策模型有较好的拟合性。因此,修正后的区域特色产业政策测量模型和实证数据有较好的拟合性,可以用修正后模型来分析区域特色产业政策结构。

第二,产业政策实施对区域特色产业绩效影响效应概念模型整体拟合与评估。产业政策实施对区域特色产业绩效影响效应概念模型估计结果如表 5.50 所示。

表 5.50　　　产业政策实施对产业绩效影响效应模型参数估计结果

变量关系			Estimate	S. E.	C. R.	P
规范政策	<---	产业政策	1.000			
产业绩效	<---	支持政策	0.358	0.082	4.349	***
产业绩效	<---	促进政策	0.185	0.049	3.764	***
产业绩效	<---	规范政策	0.194	0.052	3.747	***
发展规模	<---	产业绩效	1.204	0.144	8.336	***
发展潜力	<---	产业绩效	1.000			
发展效率	<---	产业绩效	1.158	0.136	8.518	***
发展结构	<---	产业绩效	0.951	0.126	7.570	***
rcfc	<---	支持政策	1.000			
xmyd	<---	支持政策	1.003	0.139	7.205	***
ssyh	<---	支持政策	1.499	0.186	8.072	***
zjbz	<---	支持政策	1.085	0.155	6.987	***
cbjl	<---	促进政策	1.000			
cgzh	<---	促进政策	0.896	0.077	11.634	***
xyfx	<---	促进政策	0.891	0.081	10.963	***
rzsc	<---	促进政策	0.951	0.080	11.942	***
cqbh	<---	规范政策	1.000			
kczc	<---	规范政策	0.880	0.071	12.336	***
tdpz	<---	规范政策	0.913	0.077	11.866	***

续表

变量关系			Estimate	S. E.	C. R.	P
rzbz	<---	规范政策	0.923	0.078	11.900	***
swsl	<---	发展规模	1.000			
zcz	<---	发展规模	0.969	0.075	12.856	***
cyrs	<---	发展规模	0.917	0.077	11.895	***
pjzc	<---	发展结构	1.000			
pjcl	<---	发展结构	0.917	0.084	10.943	***
jxse	<---	发展结构	0.939	0.081	11.614	***
sjgb	<---	发展效率	1.000			
dscl	<---	发展效率	0.779	0.070	11.167	***
zyyt	<---	发展效率	0.837	0.067	12.503	***
pjlr	<---	发展效率	0.824	0.076	10.903	***
scxq	<---	发展潜力	1.000			
zbjs	<---	发展潜力	0.786	0.088	8.931	***
yftr	<---	发展潜力	0.982	0.088	11.148	***
jsrc	<---	发展潜力	1.039	0.088	11.781	***
ppys	<---	发展潜力	1.133	0.090	12.539	***
yftr	<---	发展潜力	0.982	0.088	11.143	***
jsrc	<---	发展潜力	1.040	0.088	11.797	***

注：*** 表示各项参数估计的显著性 P 值达到要求的 0.001 水平。

表 5.50 中产业政策实施对区域特色产业绩效影响效应概念模型的估计后显示，每个变量的负荷值 CR 所对应的 P 值全部显著通过，由此可知，本次检验分析所得结果和前面进行探索分析的效度结果是相呼应的，分析结果从其本质上来看是统一的。除此，表 5.50 的模型参数中每个测量题项的路径值 CR 系数也全部比标准值 1.96 要大，P 值也符合，这意味着绩效影响效应概念模型的内在质量较好。

产业政策实施对区域特色产业绩效影响效应概念模型整体适配度情况如表 5.51 所示。

表 5.51　　　　　　　**产业政策实施对区域特色产业绩效影响**

效应概念模型整体适配情况

判断指标	判断标准	测量值	判断结果
χ^2	P > 0.05	P = 0.000	未通过
NC	NC = χ^2/df，当 NC ∈（1，3）是简洁适配型，NC ∈（5，∞）需适度修正	1.370	通过
GFI	数值需大于 0.90，越大效果越好	0.883	未通过
PGFI	数值需大于 0.50，越大效果越好	0.734	通过
IFI	数值需大于 0.90，越大效果越好	0.962	通过
SRMR	数值需小于 0.05，越小效果越好	0.0479	通过
TLI	数值需大于 0.90，越大效果越好	0.957	通过
RMSEA	数值需小于 0.05（适配效果较佳），数值小于 0.08（适配恰当）	0.040	通过
CFI	数值需大于 0.90，越大效果越好	0.961	通过
ECVI	ECVI 理论模型的值 < 独立模型的值，并且 < 饱和模型的值	独立模型：14.789 饱和模型：3.287 理论模型：2.427	通过
PNFI	数值需大于 0.50，越大效果越好	0.780	通过

　　表 5.51 显示了产业政策实施对区域特色产业绩效影响效应模型整体性适配度，其中的 RMSEA 指标、ECVI 指标、CFI 指标等多数判断指标均符合标准要求，NC 是 1.370，在模型简洁的标准内，反映出建立的模型相对较简约、且可用于后续分析中，但是表 5.51 也显示指标 χ^2、GFI 并未通过，这意味着绩效影响效应模型拟合度还有待提高。

　　上述结果表明，本次绩效影响效应模型从其拟合指标上可视为通过，但实质上与 SEM 方程拟合程度较好的标准还是有一定差距，表示经问卷所收集到的数据并不是完全支持第 4 章建立的产业政策实施对区域特色产业发展绩效影响效应概念模型，若要使产业政策实施对区域特色产业绩效的影响效应有更为合理且恰当的解释，就需要结合拟合判定的要求与估算后所得结果对模型做出适度修正后再重新拟合。

　　（3）影响效应模型修正。综合理论、学科与实践中相关经验，删去模型中路径系数较小的（不显著）、表现为负值的或者解释度不高的路径，然后参考 MI 指数与 CR 临界值两个修正指标，修正后的产业政策实施对区域特色产业绩效影响效应概念模型如图 5.7 所示。

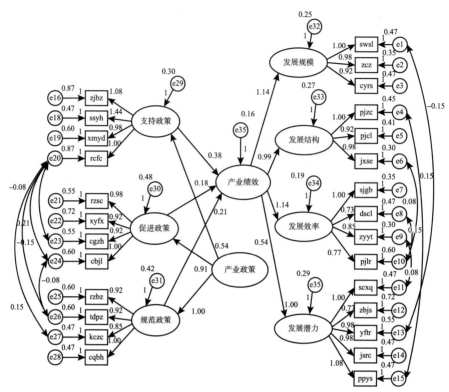

图5.7 产业政策实施对西部特色产业绩效影响修正模型估计结果

影响效应模型修正后各参数估计如表5.52~表5.54所示。

表5.52   影响效应修正模型参数

变量关系			Estimate	S. E.	C. R.	P
支持政策	<---	产业政策	0.544	0.108	5.062	***
促进政策	<---	产业政策	0.913	0.180	5.082	***
规范政策	<---	产业政策	1.000			
产业绩效	<---	支持政策	0.377	0.074	5.115	***
产业绩效	<---	促进政策	0.176	0.051	3.435	***
产业绩效	<---	规范政策	0.210	0.051	4.120	***
发展规模	<---	产业绩效	1.144	0.100	11.420	***
发展潜力	<---	产业绩效	1.000			

续表

变量关系			Estimate	S. E.	C. R.	P
发展效率	<---	产业绩效	1.144	0.100	11.420	***
发展结构	<---	产业绩效	0.888	0.097	9.188	***
rcfc	<---	支持政策	1.000			
xmyd	<---	支持政策	0.981	0.034	28.663	***
ssyh	<---	支持政策	1.439	0.112	12.848	***
zjbz	<---	支持政策	1.081	0.061	17.860	***
cbjl	<---	促进政策	1.000			***
cgzh	<---	促进政策	0.920	0.033	27.812	
xyfx	<---	促进政策	0.920	0.033	27.812	***
rzsc	<---	促进政策	0.981	0.034	28.663	***
cqbh	<---	规范政策	1.000			***
kczc	<---	规范政策	0.853	0.041	20.643	
tdpz	<---	规范政策	0.920	0.033	27.812	***
rzbz	<---	规范政策	0.920	0.033	27.812	***
swsl	<---	发展规模	1.000			***
zcz	<---	发展规模	0.981	0.034	28.663	
cyrs	<---	发展规模	0.920	0.033	27.812	***
pjzc	<---	发展结构	1.000			***
pjcl	<---	发展结构	0.920	0.033	27.812	
jxse	<---	发展结构	0.981	0.034	28.663	***
sjgb	<---	发展效率	1.000			***
dscl	<---	发展效率	0.735	0.061	12.054	
zyyt	<---	发展效率	0.853	0.041	20.643	***
pjlr	<---	发展效率	0.769	0.052	14.757	***
scxq	<---	发展潜力	1.000			***
zbjs	<---	发展潜力	0.769	0.052	14.757	
yftr	<---	发展潜力	0.981	0.034	28.663	***
jsrc	<---	发展潜力	0.981	0.034	28.663	***
ppys	<---	发展潜力	1.081	0.061	17.860	***

注：*** 表示各项参数估计的显著性 P 值达到要求的 0.001 水平。

表 5.53　　　　　　　　影响效应模型修正协方差估计

变量关系			Estimate	S. E.	C. R.	P
e20	<--->	e27	0.210	0.046	4.589	***
e4	<--->	e15	0.146	0.023	6.341	***
e1	<--->	e13	−0.146	0.032	−4.612	***
e8	<--->	e10	0.146	0.023	6.341	***
e20	<--->	e26	0.146	0.023	6.341	***
e20	<--->	e24	−0.146	0.032	−4.612	***
e9	<--->	e11	−0.084	0.023	−3.655	***
e24	<--->	e26	−0.084	0.023	−3.655	***
e20	<--->	e23	−0.084	0.023	−3.655	***
e6	<--->	e10	0.075	0.032	2.340	0.019

注：*** 表示各项参数估计的显著性 P 值达到要求的 0.001 水平。

表 5.54　　　　　　　　影响效应模型修正方差估计

变量	Estimate	S. E.	C. R.	P
产业政策	0.544	0.136	4.004	***
e1	0.472	0.018	26.076	***
e2	0.346	0.033	10.584	***
e3	0.472	0.018	26.076	***
e4	0.445	0.051	8.683	***
e5	0.414	0.048	8.560	***
e6	0.295	0.028	10.723	***
e7	0.346	0.033	10.584	***
e8	0.472	0.018	26.076	***
e9	0.295	0.028	10.723	***
e10	0.599	0.029	20.699	***
e11	0.472	0.018	26.076	***
e12	0.719	0.053	13.496	***
e13	0.552	0.036	15.427	***
e14	0.472	0.018	26.076	***
e15	0.472	0.018	26.076	***

续表

变量	Estimate	S. E.	C. R.	P
e16	0.867	0.063	13.860	***
e18	0.472	0.018	26.076	***
e19	0.599	0.029	20.699	***
e20	0.867	0.063	13.860	***
e21	0.552	0.036	15.427	***
e22	0.719	0.053	13.496	***
e23	0.552	0.036	15.427	***
e24	0.599	0.029	20.699	***
e25	0.599	0.029	20.699	***
e26	0.599	0.029	20.699	***
e27	0.472	0.018	26.076	***
e28	0.472	0.018	26.076	***
e31	0.422	0.113	3.725	***
e32	0.247	0.049	5.067	***
e33	0.275	0.045	6.122	***
e34	0.192	0.044	4.368	***
e36	0.162	0.034	4.731	***
e35	0.289	0.048	6.052	***

注：*** 表示各项参数估计的显著性 P 值达到要求的 0.001 水平。

观察表 5.52、表 5.53 和表 5.54 发现，适当修正后的效应模型中每个参数的指标检验值全部大于 1.96 的标准，方差值为非负，P 也达到显著性水平，表明经修正后的影响效应模型界定无误，其内在质量优良与否的评判结果如表 5.55 所示。

表 5.55 影响效应修正模型路径系数显著性评估

测量题项	负载值	信度值	误差值	组合信度值	均变异抽取
rcfc	0.591	0.349	0.651		
xmyd	0.654	0.428	0.572		
ssyh	0.819	0.670	0.33		
zjbz	0.621	0.385	0.615		
				0.77	0.458

续表

测量题项	负载值	信度值	误差值	组合信度值	均变异抽取
cbjl	0.780	0.609	0.391		
cgzh	0.767	0.588	0.412		
xyfx	0.723	0.523	0.477		
rzsc	0.787	0.619	0.381		
				0.85	0.585
cqbh	0.819	0.671	0.329		
kczc	0.773	0.598	0.402		
tdpz	0.760	0.577	0.423		
rzbz	0.760	0.577	0.423		
				0.86	0.606
swsl	0.792	0.627	0.363		
zcz	0.830	0.688	0.312		
cyrs	0.766	0.587	0.413		
				0.84	0.636
pjzc	0.759	0.576	0.424		
pjcl	0.744	0.553	0.447		
jxse	0.814	0.663	0.337		
				0.82	0.597
sjgb	0.825	0.681	0.319		
dscl	0.676	0.458	0.542		
zyyt	0.803	0.646	0.354		
pjlr	0.650	0.422	0.578		
				0.83	0.552
scxq	0.774	0.599	0.401		
zbjs	0.606	0.368	0.632		
yftr	0.743	0.552	0.448		
jsrc	0.768	0.590	0.41		
ppys	0.798	0.636	0.364		
				0.86	0.549

表 5.55 中产业政策实施对区域特色产业绩效影响效应模型中的 7 个潜在变量的组合信度值均超过 0.70 的标准，且从平均变异量指标看也基本符合 0.5 的标准要求，这意味着经适当修正的影响效应模型具有较好的内在质量，效应模型的评判结果如表 5.56 所示。

表 5.56　　　　　　　　影响效应模型修正整体评判结果

判断指标	判断标准	修正之前	修正之后	判断结果
χ^2	P > 0.05	P = 0.000	P = 0.349	通过
NC	NC = χ^2/df，当 NC ∈ (1, 3) 是简洁适配型，NC ∈ (5, ∞) 需适度修正	1.370	1.028	通过
GFI	数值需大于 0.90，越大效果越好	0.883	0.900	通过
PGFI	数值需大于 0.50，越大效果越好	0.734	0.816	通过
IFI	数值需大于 0.90，越大效果越好	0.962	0.997	通过
SRMR	数值需小于 0.05，越小效果越好	0.0479	0.0448	通过
TLI	数值需大于 0.90，越大效果越好	0.957	0.997	通过
RMSEA	数值需小于 0.05（适配效果较佳），数值小于 0.08（适配恰当）	0.040	0.011	通过
CFI	数值需大于 0.90，越大效果越好	0.961	0.997	通过
ECVI	ECVI 理论模型的值 < 独立模型的值，并且 < 饱和模型的值	独立模型：14.789 饱和模型：3.287 理论模型：2.427	独立：14.789 饱和：3.287 理论：1.846	通过
PNFI	数值需大于 0.50，越大效果越好	0.780	0.870	通过

表 5.56 中的各项指标反映了产业政策实施对区域特色产业绩效影响效应模型修正前与后的指标对比，对比结果表明，经理论结合实践经验对模型修正后，每个评判指标都有所改善，且全部显著性符合结构方程的判定要求，这意味着实证数据和所建构的产业政策实施对区域特色产业绩效影响效应概念模型有比较好的拟合性（吴明隆，2010）[①]。综上所述，适度修正的绩效影响效应模型表现出较好的与实证数据契合性，因此可以接

---

① 吴明隆. 结构方程模型——AMOS 的操作与应用：第 2 版 [M]. 重庆：重庆大学出版社，2010.

受前面所提的产业政策实施对区域特色产业绩效影响效应假设模型，即能够用适度修正的模型去表述产业政策实施对区域特色产业绩效影响效应。

5.4   实证结果与分析讨论

5.4.1   西部特色产业发展绩效结构模型

5.4.1.1   实证检验结果

本书在第 4 章中经文献研究与理论分析后提出：区域特色产业发展绩效可以从产业发展规模、产业发展结构、产业发展效率和产业发展潜力四个内生潜变量来衡量。对此结果，本章首先经过探索性分析后得出了相同的结论，表明可以由这四个内生潜变量对其发展绩效进行衡量，且四个变量对区域特色产业发展绩效全部方差贡献已经超过了 70%，数值是70.594%。而本章对之展开验证分析的结果又一次表明：西部特色产业发展绩效可以由产业发展规模、发展结构、发展效率和发展潜力四个变量构成。最后，在本章中对西部特色产业发展绩效模型检验并拟合之后，应用理论知识、基于实际经验对西部特色产业发展绩效模型适度修正，确保其符合结构方程的检验标准，最终得到了西部特色产业绩效结构模型，其模型及估计结果如图 5.8 所示。

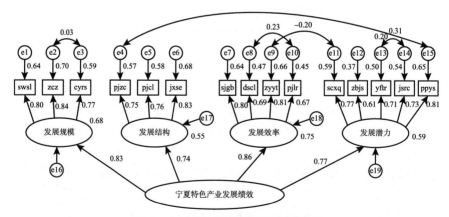

图 5.8   特色产业发展绩效结构模型

从图 5.8 可知，产业发展效率的回归系数最大，为 0.86，产业发展规模与发展潜力的回归系数分别为 0.83、0.77，回归系数最小的是产业发展结构，其回归系数为 0.74。据此，得出如下结论：西部特色产业发展绩效由产业发展规模、发展结构、发展效率和发展潜力四个内生潜变量构成，其中，产业发展效率对西部特色产业发展绩效最为重要，产业发展潜力与发展规模也是其中很重要的构成部分，但产业发展结构则在西部特色产业发展绩效中所占的比重小些，用方程可表示成以下形式：

$$Y = 0.83X_1 + 0.86X_2 + 0.77X_3 + 0.74X_4 + C \qquad (5-1)$$

其中，因变量 Y 为西部特色产业发展绩效，自变量 X_1、X_2、X_3、X_4 分别表示特色产业发展规模、产业发展效率、产业发展潜力和产业发展结构，C 为常数。

由上分析可知，西部特色产业发展绩效模型的每个绩效要素变量依次用不同的题项进行测量，每个测量题项对绩效要素变量的系数亦不一样。西部特色产业发展绩效模型最终回归结果汇总于表 5.57 中。

表 5.57　　　　　　西部特色产业发展绩效要素测量变量载荷系数

潜变量—发展规模		潜变量—发展效率		潜变量—发展结构		潜变量—发展潜力	
测量指标	标准载荷	测量指标	标准载荷	测量指标	标准载荷	测量指标	标准载荷
总产值	0.84	平均利润	0.67	平均产量	0.76	销售区域	检验删除
产业产量	0.80	投资效益	检验删除	平均销售	0.83	市场需求	0.77
从业人数	0.77	劳动生产率	0.69	平均资产	0.75	研发投入	0.71
—	—	深加工比	0.80	平均出口	检验删除	装备水平	0.61
—	—	资源依托	0.81	—	—	技术人才	0.73
—	—	—	—	—	—	品牌申保	0.81

根据表 5.57 分析后可以得出下面的结果。

第一，产业发展规模主要由产业产值、产量、从业人数三个变量测量，其中，产业总产值变量对西部特色产业发展规模最重要。

第二，产业发展效率主要由产业平均利润、投资效益、资源依托、劳动生产率和产品深加工比五个变量测量，其中，资源依托、深加工比两个变量对于西部特色产业的发展效率最重要，而投资效益指标经检验后被删除。

第三，发展结构主要由平均年销售、平均年产量、平均资产和平均出口数四个变量测量，结果显示，平均销售变量对西部特色产业的发展结构最重要，而产品平均出口指标经检验后被删除。

第四，发展潜力主要由销售区域、市场需求增长、研发投入、产业装备水平、技术人才和品牌申保六个变量测量，结果显示，品牌申保变量对西部特色产业的发展潜力最重要，而销售区域指标经检验后被删除。

5.4.1.2   实证结果分析

第一，产业发展效率是西部特色产业发展绩效中最为重要的绩效构成要素，发展效率每提升一个单位标准差，其产业绩效水平将提升 0.86 个单位，效果比较显著，其中的投资效益指标未通过实证检验。产业发展效率是考察各种资源是否得到合理配置和利用的一个非常重要的指标，是产业发展结构的进一步反映。提升产业发展效率横贯在企业管理的每一个环节，是企业进行投资的重要前提之一，追求高效率，意味着企业生产的低成本、高收益和高利润。伴随着全球产业发展普遍转向效益型的发展思路，某个产业只有具备较高的发展效率，才可能发展成为各个地区的特色产业，这一点对于西部特色产业的成长尤其重要。据实证研究发现，充分依托本地的资源、提升产品深加工比重两个变量对于西部特色产业的发展效率是最重要的。多年的实践与学者们的研究均证实，借助本土资源优势，并充分盘活、用好本地资源，以特色化来带动产业的稳定、持久发展，从而进一步推动区域经济的长远发展战略，这不失为增强区域竞争力的源泉之一。胥留德曾在 2002 年提出，特色产业需从资源要素的合理化引导出发，运用综合因素的比较优势创造与培育好"特色"是其核心[1]，而特色产业也正是从产业的地域性分工着手，并强调利用本地优势资源。近几年国家颁布的多项关于借助资源优势的特色产业来达到精准扶贫的规划、纲领与意见，也正是体现了依托本地资源作为特色产业发展的重要作用。提升产品深加工比重，对于多年来一直以粗加工为其特征的西部地区经济发展来说其意义更毋庸置疑。在实证研究中，投资效益指标之所以被实证检验后删除，这也与西部地区多年的粗加工型产业发展特点有很大的关系。因此，对于西部地区来说，地方政府如何借助各种政策工具的实施，如何盘活与利用好本地资源，提高其产品深加工比重，提升产业链上

---

①   胥留德. 论特色产业的选择 [J]. 经济问题探索, 2002 (11)：15 – 18.

的科技含量，拓深其产业链条上的每一份价值，使得企业受到更高利润的吸引而积极投入特色产业发展中，从而以更好的发展促进西部地区整体经济得到持续的发展，这也是西部特色产业长远发展的一项急切且重要的任务。

第二，产业发展规模是西部特色产业发展绩效中又一重要的绩效构成要素，每变化一个标准差，产业发展绩效水平将同向变化 0.83 个单位，其中，产业总产值变量对西部特色产业发展规模最重要。任何产业只有在其形成相应的规模后才会逐渐具备一定的竞争力。但产业的发展规模是个适度的规模概念，如果规模过大势必会形成产能过剩，从而使得投入的资源造成一定的浪费，若过小则无法产生规模效应，又必然会面临在激励的竞争市场中因为不具备竞争优势而被淘汰的风险。据调查显示，西部地区从事特色产业的生产加工企业往往发展规模不大，或者由于各种条件的限制而达不到一定的规模，很多企业以小作坊式、家族式的单枪匹马型的形式经营发展，使得西部特色产业无法产生较强的特色产业竞争优势。因此，对于西部地区来说，地方政府需要利用政策吸引、引导企业相互联手、抱团取暖，提高市场份额，增强企业总产值，在发展规模上做大产业是西部地区区域特色产业提高其竞争力需要关注的地方。

第三，产业发展潜力是西部特色产业发展绩效中比较重要的绩效构成要素，每变化一个标准差，绩效水平将同向提升 0.77 个单位，其中，品牌申保变量对西部特色产业的发展潜力最重要，销售区域指标经检验后被删除。产业发展潜力是产业延续其生命力至关重要的因素之一，是每个产业长远发展所必须具备的条件。正确认识产业的发展潜力，可以引导政府和企业投资者在正确的投资方向上发展某项产业，为产业的可持续发展指明战略方向、提供创新经营的思维。然而产业发展力的培育是一个长期、持续的过程，其中关于品牌申请与保护意识的提升又是产业发展是否具备更大潜力的重中之重，品牌不但是企业的生命力，同时也是企业是否具备竞争力的另一种表现。目前西部地区区域特色产业中能够被国内外市场认可的驰名商标并不多，但与此同时，西部地区企业对于现有产品的品牌保护意识还有待提高。据本书对样本地区的调研显示，仅有 18.2% 的企业有非常强烈的品牌申请与保护意识，而有高达 21.7% 的企业根本没有主动性的品牌争取或保护意识，根本没有意识到品牌对企业成长的重要性，有接近 35.1% 的企业对于产品品牌的塑造意识处于可有可无的状态，并不认为培育和创造一个能被市场认可的品牌其实也是企业的一项巨大的资产。西部特色生产企业在品牌申请与保护意识方面的薄弱，不仅影响着企业产品知名度的提升，而且极大地阻碍着企业产品市场向外开拓，从而从根源深处影响着西部特色产业从小到大、由弱到强、不断向前发展的道路。另据本书对样本地区特色产品销售区域调研结果显示，近些年来有近17.8%的企业产品只销售到了本地区，能够将产品销售区域扩展到西部五省份的企业也占到了39%左右，仅有不到29%的企业能够将所生产的产品销往国内外市场，这种情况一方面反映出由于西部地区目前从事特色产业的中小微企业占据了多数，产品种类雷同度、同质性比较高，对其走出去形成了很大的障碍，同时也反映出由于西部地区特色生产企业总体上生产设施装备较落后、工艺、包装技术差，科技研发水平并不高，很多产品停留在以低附加值产品为主的生产加工模式上，产品竞争力并不强，导致销售也受到了很大程度的影响，这也就很好理解为什么实证分析中有关销售区域指标并未通过检验的原因了。因此西部地区区域特色产业在当下市场竞争激烈、而自身技术水平又较为落后的同时，如何通过研发水平的提升，不断推出迎合市场需求的服务和产品，并积极引导企业主动、有意识地对自身产品品牌的申请与保护，并通过品牌拓展积极发展国内外市场潜力，这必须要引起西部地区各地方政府的高度关注。

第四，产业发展结构对西部特色产业发展绩效的重要程度最小，其每变化一个标准差，产业发展绩效水平将同向变化0.74个单位，其中，平均销售变量对西部特色产业的发展结构最为重要，产品平均出口指标经实证检验后被删除。这个结果的得出其实并不奇怪，与西部地区区域特色产业在发展进程中面临的实际处境有很大的关系。产业结构的优化调整是促进产业可持续发展的必要条件①。产业的发展规模表现的是产业发展的绝对量，而产业的发展结构则以产业内部的比例关系为表现。但实际中，西部地区区域特色产业发展过程中，由于长远规划的不足，特色产业中的各个子产业之间的产品结构及其地区间的分布并不平衡，比如，据本书对样本地区的调研结果显示，样本地区特色产业生产加工企业中，一些从事休闲、方便食品的生产与加工的企业数量比重比较大（34.5%），而市场需求较大、具有较强的且能够体现出样本地区区域特色的牛羊肉、乳制品等的生产与加工类企业所占比例反而比较小（其比例分别为27.9%、8.6%）。而由于市场准入门槛过低，又导致许多中小微型企业之间产品

---

① Franco Malerba, Uwe Cantner. Innovation, Industrial Dynamics and Structural Transformation: Schumpeterian Legacies [J]. Journal of Evolutionary Economics, 2006 (16): 1–2.

同质化现象、过度竞争比较激烈，"小""弱"等的发展特点亦使得企业间各自为营，产业链条短，产业资源不能实现区域内的最优配置，产品销售量低迷，导致整个特色产业的平均产量难以形成规模，这在很大程度上制约着西部特色产业发展的竞争优势和长足发展，从而使得产业结构优化的效果被大打折扣，这也是造成产业发展结构变量对西部特色产业发展绩效影响不明显的关键原因之一。产品平均出口指标被实证检验后删除，这一现象表明，尽管这几年西部地区区域特色产业历经多个专业化展会的宣传，对企业走出西部、跨出国门、迈向世界产生了积极的作用，但是现有的特色产业产品能够获得国外市场的认可并大量出口的产品种类与数量却非常少，这必将极大地影响着西部特色产业今后的发展潜力。因此，西部地区各地方政府在发展特色产业过程中，必须要认识到产业发展结构对于产业发展的影响，通过适当的方法调整产业结构，使得企业在提高平均销售与产量的同时，更使产业发展趋向合理的发展轨道。

5.4.2　产业政策实施对西部特色产业发展绩效影响效应模型

本小节对经实证检验通过的产业政策实施与西部特色产业发展绩效间的影响效应模型展开分析与讨论。本书对于产业政策实施与特色产业发展绩效影响效应，代表了样本地区产业政策实施对特色产业发展绩效影响的一般性认识。本书第 4 章中结合理论与实践的视角，提出了区域特色产业政策可以从三个方面来测量（支持类产业政策、促进类产业政策与规范类产业政策），而产业发展可以从四个方面来测量（产业发展规模、发展效率、发展结构与发展潜力），并由此构建了产业政策实施对区域特色产业绩效影响效应概念模型，第 5 章对该模型进行了检验与模型修正。下文将围绕产业政策实施对西部特色产业发展绩效间的影响效应模型的结果逐一展开分析与讨论，如图 5.9 所示。

5.4.2.1　支持类产业政策与西部特色产业发展绩效间的关系

（1）实证检验结果。根据前述理论分析，支持类产业政策对西部特色产业发展绩效产生正向的影响，经过结构方程模型的检验，并进行修正后得到如表 5.58 所示结果。

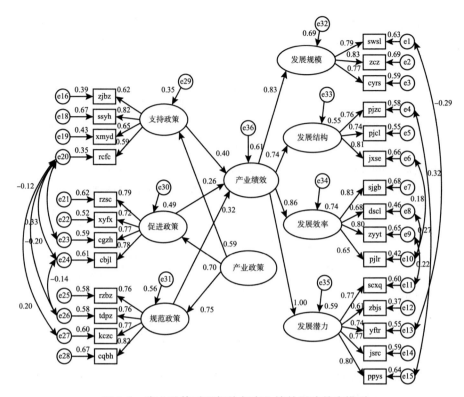

图5.9 产业政策对西部特色产业绩效影响效应模型

表5.58   支持政策对西部特色产业发展绩效实证检验结果

变量关系	影响强度	影响方向
产业绩效←支持政策	0.4	正向
发展规模←支持政策	0.4×0.83＝0.332	正向
发展结构←支持政策	0.4×0.738＝0.295	正向
发展效率←支持政策	0.4×0.86＝0.344	正向
发展潜力←支持政策	0.4×0.769＝0.308	正向

由图5.9和表5.58的分析数据，可以得到以下结果。

第一，支持类产业政策每变化一个标准差单位，将影响西部特色产业发展绩效同向提升0.4个单位，具有比较强的正向影响作用，其中，税收优惠政策对支持类产业政策的贡献度是最大的，人才支持政策其路径系数比较小，只达到了 0.59 个单位。

第二，结合西部特色产业政策测量模型的检验结果发现，尽管支持类产业政策从重要性方面来说是整个产业政策体系中最弱的一类政策（0.59个单位），但是，从其对西部特色产业发展绩效的影响方面来说却是最强的一类政策（0.4 个单位），而且支持类产业政策每变化（增加或减少）一个标准差单位，首先对西部特色产业发展效率产生的影响最大，为0.344 个单位的变化，其次依次是对发展规模产生 0.332 个单位的变化，对发展潜力产生 0.308 个单位的变化，对发展结构产生 0.295 个单位的变化。

（2）检验结果讨论。支持类产业政策主要是由政府扶持产业发展所需的资金、人才、土地等直接生产要素方面的政策组成。从本实证研究结果可发现，尽管支持类产业政策在西部特色产业政策体系的重要性方面是最弱的一类，但是其对西部特色产业发展绩效的直接影响效应则达到了 0.4个单位左右，是三种政策类型中对西部特色产业发展绩效影响最大的一类政策，其中税收优惠政策对支持类产业政策具有最强的贡献度，人才政策贡献最小，且支持类产业政策对西部特色产业发展绩效的不同构成要素也产生着不同的影响，出现这种情况的原因可从以下几点分析。

第一，产业政策实际是一种选择性政策，是政府为了将特定产业发展起来所提出的某种保护和扶持性措施，并且以行政手段的形式将生产要素以一定的规则分至不同的行业，从而通过对某些产业进行要素的直接供给与扶持，达到支持、改善产业因相关生产要素不足而带来的发展困惑，因此，对相关要素有所偏向的投入是其实施手段（邱兆林，2015）[1]。但是据多名学者研究表明，直接的资金支持性政策扶持行为经常是缺乏效率的（Russo et al.，2011[2]；高玥，2020[3]），且如果地方政府的这种直接干预企业发展的行为也不一定能够使得企业的竞争力有所提高，实践中还可能由于企业对于政府补贴措施的太多依赖而造成企业缺失自主性提升竞争力

---

① 邱兆林.中国产业政策有效性的实证分析——基于工业行业面板数据［J］.软科学，2015（2）：11-14.

② Russo C，Goodhue R E，Sexton R J. Agricultural Support Policies in Imperfectly Competitive Markets：Why Market Power Matters in Policy Design［J］. American Journal of Agricultural Economics，2011，93（5）：1328-1340.

③ 高玥.产业补贴退坡的政策效果及启示——以中国新能源汽车为例［J］.软科学，2020（12）：28-32，46.

的动力（余东华、吕逸楠，2015）[1]。甚至当政府直接补贴比较高时，企业将会以寻租行为的方式以获取政府更多的补贴，而并非选择如何提高企业生产效率，因此长期来看，企业终究会缺失自主发展的内生动力（韩超等，2017）[2]。亦有学者研究证实，这种供给型直接财政补贴政策会将企业自身的资源配置错乱化，从而在产能表现上出现一种非理性的扩张行为（熊勇清等，2015）[3]。因此理性的政府不会只是一味地、简单地强调直接支持类产业政策在整个产业政策体系中的重要性，而是以适度的比例投入，故此在整个特色产业政策体系中支持类产业政策在其中的重要性也是比较小的。

第二，从西部地区实际情况来看，尽管支持类产业政策在整个特色产业政策体系中并不具有较强的重要性，但是却对西部特色产业的发展绩效起着非常重要的作用，这一点又与西部地区发展特色产业所处的实际环境有很大的关系。任何产业发展都需要有一定的要素投入（如资金、人才、土地等），并在一定的条件下，所具备的发展潜力才可能转换成现实竞争力。然而现实中，西部地区区域特色产业发展不仅需要面对由于先天禀赋不足而带来的问题，更要面对着缺资金、缺人才等严重问题。据本书对样本地区的实证调查结果显示：在所调研的特色生产企业中，认为资金是企业发展最大制约因素的企业比例达到了 55.4%，由于资金不足，因而调研企业中有高达 63.2% 的企业生产装备技术勉强或根本没有达到国内同等企业的设备技术水平，仅有 10.4% 的企业生产装备技术达到或超过国内先进水平，加之从事特色生产企业的很多是家庭式企业，专业生产、研发、技能等技术人才非常缺乏。在调研中我们进一步发现，有些企业负责人一方面需面临人才欠缺而带来的发展瓶颈问题，比如，调研企业中有 70% 左右的人员学历仅限于初、高中文化程度，仅有 6% 左右的企业从业人员学历是硕士及以上，企业高级管理人才也比较缺乏，57.6% 左右的企业管理人员主要来自区域本土，只有 15.6% 左右的企业高级管理人才来自东部发达地区，具有海外留学背景并选择回宁的企业管理人员比例仅占到 3% 左右

① 余东华，吕逸楠. 政府不当干预与战略性新兴产业产能过剩［J］. 中国工业经济，2015（10）：53-68.
② 韩超，肖兴志，李姝. 产业政策如何影响企业绩效：不同政策与作用路径是否存在影响差异？［J］. 财经研究，2017（1）：122-133.
③ 熊勇清，李晓云，黄健柏. 战略性新兴产业财政补贴方向：供给端抑或需求端［J］. 审计与经济研究，2015（5）：95-102.

的比重①。另一方面调研中也明显能感觉到，有些企业负责人在思想深处并不认为专门引进的技术人才能够解决本企业的实际问题，因而实际生产中对技术人才并不重视。由此可见，西部地区在发展特色产业时不仅面临着先天的不足，更是面对着缺资金、缺人才等严重问题，这些都极大地束缚着西部特色产业的发展，尤其是阻碍着其持续性的发展。故此，近几年西部各地区在财政比较有限的情况下，一方面通过积极申请国家政策的支持，争取利用好国家大力发展西部的政策，另一方面各地方政府也积极制定相应的人、财、物等要素的直接扶持政策，在提升企业对人才重视的同时，也极力帮扶西部特色生产企业步入正常发展轨迹，尽管这其中的帮扶作用有限，但却在很大程度上缓解了企业由于缺资金、缺人才、缺土地等系列问题所带来的后续发展困惑与束缚，因而促使西部地区区域特色产业得以持续的发展下去。正如调研的 231 家企业发展情况显示，近些年来企业平均资产总额有所增加的企业占比达到了 50.6%，而平均资产总额下降的仅占比 14.3%，有 41.6% 的企业认为近些年来企业平均产量增长幅度在 5%～10% 左右。在直接支持政策的扶持下，西部特色产业发展效率提升尤其明显，有 80% 左右的企业能够充分依托本地资源积极发展特色产业，而有 41.1 的企业产品深加工的比重增加在 5%～10% 左右，有 37.7% 的企业认为近些年平均年销售额增加的幅度达到了 5%～10% 左右。另据调研显示，企业对于近几年所实施的产业支持政策执行的总体满意度方面，较为满意的企业比重亦达到了 60% 以上。由此进一步表明，总体上支持类产业政策实施后在较大程度上促使西部特色产业得到发展。又如，在第 3 章中关于产业政策对样本地区特色产业实际作用强弱的描述性统计分析结果也显示，对于区域特色产业发展作用比较强的几项政策中多是关于资金、税收、贷款、人才、土地等对产业发展有着直接扶持作用的要素方面的政策措施（几项政策作用的均值达到 3.5 分左右），这个结果不仅与本部分经实证研究所得结果不谋而合，而且从中也可以进一步得到启示：相比促进类产业政策与规范类产业政策的间接产业政策措施，支持类产业政策对西部特色产业的影响力度更为强烈，且更为重要一些，尤其是应实施统一、透明、公开的税收优惠政策，规避因直接的资金补贴而可能带来的寻租行为等情形的发生，完善企业彼此间的公平竞争机制（江静，

---

① 根据本书调查后整理。

2011)①，从而可尽量减弱区域特色产业发展伊始所不得不面对的各种困难与问题，这应该作为西部各地方政府当下对特色产业扶持政策的当务之急。

5.4.2.2 促进类产业政策与西部特色产业发展绩效间的关系

（1）实证检验结果。根据前述理论分析，促进类产业政策对西部特色产业发展绩效产生正向的影响，经过结构方程模型的检验，并进行修正后得到如表5.59所示结果。

表5.59　　　促进政策对西部特色产业发展绩效实证检验结果

变量关系	影响强度	影响方向
产业绩效←促进政策	0.26	正向
发展规模←促进政策	$0.26 \times 0.83 = 0.216$	正向
发展结构←促进政策	$0.26 \times 0.74 = 0.192$	正向
发展效率←支持政策	$0.26 \times 0.86 = 0.224$	正向
发展潜力←促进政策	$0.26 \times 0.77 = 0.200$	正向

由图5.9和表5.59的分析数据，可以得到以下结果。

第一，促进类产业政策每变化一个标准差单位，将影响西部特色产业发展绩效同向提升0.26个单位，是产业政策类别中对西部特色产业发展绩效影响最小的一类政策，其中，该类政策中的融资市场政策对促进类产业政策的贡献度是最大的。

第二，结合西部特色产业政策测量模型的检验结果发现，尽管促进类产业政策在整个产业政策体系的重要性方面并不是最弱的（0.70个单位），但是对整个西部特色产业发展绩效的影响作用却是最弱的（0.26个单位），并且促进类产业政策每变化（增加或减少）一个标准差单位，对西部特色产业不同绩效构成要素的影响及差距也不十分明显。

（2）检验结果讨论。促进类产业政策主要是政府从融资市场、信用风险担保与补偿、信息咨询与成果交易服务、创新成果奖励等几方面来实现，通过促进企业创新研发，为产业发展营造良好的产业服务体系，从而

---

① 江静. 公共政策对企业创新支持的绩效——基于直接补贴与税收优惠的比较分析 [J]. 科研管理，2011（4）:）1 – 8.

提高产业发展效率，推进西部特色产业持续、稳定地发展。从本部分实证结果来看，虽然促进类产业政策在整个西部特色产业政策体系中扮演着较为重要的作用（路径系数 0.70 个单位），但实际上在对三类产业政策进一步的显著性检验后发现，促进类产业政策对西部特色产业发展绩效的回归系数却是最小的（0.26 个单位），这反映其对西部特色产业发展绩效的影响性是最弱的，且对西部特色产业不同绩效构成要素的影响也不十分明显，这可以从以下两个方面来分析其原因。

第一，促进类产业政策旨在搭建产业发展的服务体系，通过推动企业创新研发来间接推动产业持续、健康、稳定的发展。在此过程中，由于政府掌握着许多要素资源，尤其是在融资市场方面更是控制了大量资源，因此实际上政府是影响企业创新的重要因素（Freeman，1987）[1]。由于政府扶持企业创新，一方面可以使企业降低由于自主创新所引发的风险，并可将创新成果较为快速地转化为现实生产力，使得企业从创新研发中品尝到应得的利益，从而进一步反向激励企业继续投入研发创新（Yager et al.，1997）[2]。而现有文献研究中许多学者也证实，政府促进类产业政策的实施可以显著地有助于企业创新研发活动，并且从总体上衡量其效果时，产业政策的实施若是基于竞争性的，则对产业持续发展具有重大的作用[3][4][5]，因此在产业政策体系中有关促进类产业政策必然是无法缺失的一部分内容，尤其是有关融资市场方面的政策尤为重要。

第二，虽然政府政策能够显著地促进企业创新，从而推动产业持续、稳定的发展，但是政府对企业的支持，也会发生资源配置的扭曲性现象，导致企业可能会以寻租的方式获得政府的创新支持后，实际中却将政府资源用于企业其他方面的发展，且据多项已有文献研究证实，通常规模较大的企业由于有较多的投融资渠道，也有一定实力与相关政策部门沟通与谈判，因此可能对产业政策的实施并不会很敏感，但是具体到小规模的企业来说，由于其在资金方面普遍比较缺乏，因而非常迫切地需要政府的政策

[1]　Freeman C. Technology Policy and Economic Performance：Lessons from Japan，California［M］. London：Pinter Pubshers，1987.

[2]　Yager L，Schmidt R. The Advanced Technology Program：A Case Study in Federal Technology Policy［M］. Washington D C：AEI Press，1997.

[3]　康志勇. 融资约束、政府支持与中国本土企业研发投入［J］. 南开管理评论，2013（5）：61-70.

[4]　冯玉静，翟亮亮. 产业政策、创新与制造企业服务化——基于"中国制造 2025"准自然实验的经验研究［J］. 科技进步与对策，2022，39（13）：114-123.

[5]　李强. 产业政策、技术创新与企业出口绩效——基于不同产业集聚程度的分析［J］. 世界经济研究，2016（5）：77-86.

支持，即对产业政策的实施反应比较灵敏，故此我国产业政策的扶持对于大规模企业与小规模企业而言有着较为显著的差异性影响，产业政策"扶弱"（扶小）特征比较典型（康志勇，2013①；洪俊杰、张宸妍，2020②）。而此类现象也正印证了本书有关产业政策实施对西部特色产业绩效影响效应的实证分析结果。在调研的企业中，认为资金是企业发展最大的制约因素的比例达到了55.4%，这与样本地区从事特色生产的企业多数是中小企业有很大的关系。由于中小企业信誉相对不高，金融机构出于自身利益不愿意给中小企业贷款，据调查，只有30%左右的企业能够顺利得到银行贷款，但却需要面对利率可能上浮高达30%的困境，而剩余70%左右的企业根本无缘于银行贷款，更无法通过债券市场等直接性融资渠道获得资金。融资难题已经成为制约西部地区区域特色生产企业发展的主要瓶颈。因此这些企业一方面非常需要政府有关政策的扶持，因而在本模型中有关融资市场变量对促进类产业政策的路径系数比较大。而另一方面，这些企业自主创新无论是在意识方面，还是资金方面均处于"无意为之、无米下锅"的状态，因而当政府以推动企业创新研发而提出并实施促进类产业政策，以期达到间接扶持并带动区域特色产业持续、健康、稳定发展的目的时，就得到了众多企业的热度"追捧"，但是一旦得到了政府原本用于创新研发的促进类产业政策支持时，企业却转身将资金用于企业其他的生产发展中，实际用于研发创新的企业比例却非常小。例如，调研过程中发现，存在着相当多的企业（主要是中小规模的企业）研发意识薄弱，之所以选择进行创新行为，其原本目的仅仅是为了获取政府在此方面的资助，而获取后真正用于研发创新行为的企业却少之又少，这与西部地区区域特色生产企业实际状况非常相符。例如，调研企业中只有8%的企业研发投入勉强达到5%的水平，有80%左右的企业根本没有与任何专业研究机构或高校建立合作，或仅仅是偶尔合作，而成立专门的研究部门用于研发创新的企业比例更少，有70%以上的企业只有一项或者根本没有技术专利。即使有些企业获得了政策资助进行了企业创新，但是后期因为缺乏充分的资金又无法继续将其成果转化成生产力，或者转化率并不高。另外，从促进类产业政策实际执行时企业的满意度方面来看，只有21.9%的企业认为

① 康志勇. 融资约束、政府支持与中国本土企业研发投入 [J]. 南开管理评论，2013（5）：61-70.

② 洪俊杰，张宸妍. 产业政策影响对外直接投资的微观机制和福利效应 [J]. 世界经济，2020，43（11）：28-51.

融资市场政策的执行情况比较令人满意，对信用担保与风险补偿方面比较满意的企业有 20.6%，而对有关成果转化方面的政策较为满意的企业仅占11.3% 的比例，非常满意的比例不足 10%。上述种种情况的出现及其综合作用后，会直接导致政策实施与其初始目的出现极大的偏差，从而使得促进类产业政策的杠杆应该发挥出对企业创新行为的激励效应被严重地削弱。因此，尽管在产业政策体系中，促进类产业政策在其中有着比较强的重要性，但最终实施后对西部特色产业发展绩效的影响作用却差强人意。恰如波特所言，一个成功的政策，政府在其中的角色是营造有利于企业获取竞争优势的环境氛围而不是简单、直接地界入。以政府唱主角的创新研发行为，最终很难达到真正创新。

由此本书得到启示：仅是简单地强化对西部特色生产企业以创新研发行为为目的的促进类产业政策并不可取，而如何通过进一步的激励与规制类相结合的政策或将其政策转化为竞争型政策，从而充分发挥出政策的杠杆作用而尽可能地抑制其政策偏差性，并在政策执行环节予以加强，使得企业不仅能够利用好政策，避免陷入"政府给钱即创新"的尴尬局面，也能促进企业有意识、有信心、有能力、有实力进行创新，同时使得后续的创新行为与成果转化持续进行下去。

5.4.2.3　规范类产业政策与西部特色产业发展绩效间的关系

（1）实证检验结果。根据前述理论分析，规范类产业政策对西部特色产业发展绩效产生正向的影响，经过结构方程模型的检验，并进行修正后得到如表 5.60 所示结果。

表 5.60　　　　规范政策对西部特色产业发展绩效实证检验结果

变量关系	影响强度	影响方向
产业绩效←规范政策	0.32	正向
发展规模←规范政策	$0.32 \times 0.83 = 0.266$	正向
发展结构←规范政策	$0.32 \times 0.74 = 0.237$	正向
发展效率←规范政策	$0.32 \times 0.86 = 0.275$	正向
发展潜力←规范政策	$0.32 \times 0.77 = 0.247$	正向

由图 5.9 和表 5.60 的分析数据，可以得到以下结果。

第一，规范类产业政策每变化一个标准差单位，将影响西部特色产业发展绩效同向提升 0.32 个单位，其中的知识产权变量对规范类产业政策贡献度最大。

第二，结合西部产业政策测量模型的检验结果可知，规范类产业政策在整个西部特色产业政策体系中具有非常强的重要性（0.75 个单位），但实际上对整个特色产业发展绩效的影响作用并不十分明显（0.32 个单位）。

（2）检验结果讨论。规范类产业政策主要是政府为创建有益于产业健康有序的宏观发展环境而制定的有关监管、保护与引导型的政策措施。从实证结果来看，规范类产业政策在整个西部特色产业政策体系的重要性方面居于首位（0.75 个单位），其中的知识产权政策对规范类产业政策具有最强的贡献度，但是从其对西部特色产业绩效的影响性方面来看，规范类产业政策的影响力度在三类政策中居于中等水平，而这与西部地区区域特色产业发展的特点、处境及其发展现状比较契合：第一，规范类产业政策从其本意上是用来规制企业组织生产过程中的行为，如通过质量监管、技术标准规范、产权保护、节约化土地资源的使用等措施，从而为产业长远发展规范市场秩序、创造宏观发展环境，进而为增强产业的竞争力奠定坚实的基础，从西部地区及区域发展特色产业的实际情况来看，这一点尤为重要。正如前所述，尽管西部特色产业近几年取得了一定的发展成绩，但是与区域周边其他省份相比竞争力并不强，加之西部特色生产企业很多都是中小企业，甚至是小微企业，因此发展中存在着诸如知识产权意识薄弱、一亩三分地式的封闭发展思维、质量参差不齐、产品链条短、附加值低等问题，这必然会影响西部特色产业长远发展。以特色食品产业为例，通过走访调查发现，尽管这几年样本地区区域特色食品产业在政府支持下发展比较快，也出现了一些比较大的食品生产企业，如伊品生物、蒙牛乳业、夏进乳业、夏华肉食品等一些比较大的企业集团，但是特色食品产业整体生产规模还是比较小，传统企业多，缺少一些大型龙头型支柱企业，现有的生产项目中大多使用传统、简单的生产工艺，精深加工的项目占比较低，生产链条比较短，比如，宁夏夏华肉食品公司是样本地区最大的牛羊肉类加工生产企业，同时也是国家农业产业化重点龙头企业，2020 年加工销售肉制品 1.2 万吨，销售收入 3.2 亿元，业绩傲人，但是与行业内其他企业相比，夏华公司在年产值和年屠宰量方面也与全国最大的牛羊肉类加工企业存在较大差距，而且夏华公司的产品尽管实现了肉品精细化分割加工，但在源头、饲料、生产到运输等环节的全产业链条方面并不是很完善。一些中小企业各守自家一亩三分地，这种自产自销的发展模式，不仅产品质量不高、产品结构单一，而且由于生产流程不甚规范，产品技术标准不统一，工艺、包装技术差等原因，产品销售往往局限于西部，甚至只销售往省内，更谈不上出口到国外，遇到稍微大一些的订单企业不能或者不敢接单生产，企业生产产值提升缓慢，产业竞争力更无从提高。而在知识产权方面，西部地区区域特色生产企业的知识产权意识也非常薄弱，令人担忧。截至 2020 年，样本地区获取"国家农产品地理标志"的产品保护数为 60 个，周边省份如陕西获取 101 个，甘肃获取 126 个，青海获取66 个①，而山东获取 353 个，浙江获取 138 个，河南获取 180 个，很明显样本地区在此方面与周边地区差距比较大。在区域品牌的效应还没有被国内外市场认可的同时，企业对于现有产品的品牌保护意识却非常薄弱，如前所述，仅有 18% 左右的企业有非常强烈的意识在主动、积极地为现有产品申请品牌保护。品牌不仅是企业的生命力，同时也是企业是否具备竞争力的另一种表现。因此必须要通过相应的政策进行适度的引导，不仅从产品的质量、技术标准、产品附加值方面予以规范与监督引导，更需要让企业意识到品牌的价值，从而为产业竞争力的增强、产品市场开拓奠定坚实的基础。但是，由于目前从事西部特色产业的很多都是中小企业，在引导企业进行知识产权保护的同时，如果政府做出过多、过死的限制，或者强行要求这些企业的标准规范必须要与大型企业甚至与先进企业保持一致，那么一方面这些中小企业因能力、技术、资金等有限而无法达到标准，但又必须要面对政府的监督检查，从而可能会引发以次充优、甚至造假现象的"膨胀"，而另一方面也会束缚企业发展的手脚，从而对产业的正常发展造成不利的影响。因此对于西部地区区域特色产业的发展政府既要充分意识到发展环境对产业的重要性，从而通过对技术标准的引导与质量监督、土地资源的优化利用，尤其是知识产权方面对产业的发展从长远整体上予以考虑，但与此同时，又要充分地认识到地区的实际状况，不能一味地、过多、过死地要求所有企业都必须要遵循相同的技术规范，加强对商标产权措施的引导、奖励与保护力度，提升区域品牌的内在价值，从而为西部地区区域特色产业长远、健康、有序地发展营造出优良的宏观发展环境。

---

① 根据全国农产品地理标志查询系统资料整理。

第 6 章

西部特色产业政策实施问题审视

政策对于产业的发展既是机遇也是一种资源，如何找到政策实施过程中的问题所在是更好地利用这种机遇与资源的有效途径。本章在第 5 章实证研究所得到的数据证据基础上，围绕支持类产业政策、促进类产业政策与规范类产业政策三种产业政策类型，结合理论分析与实地调研，探寻产业政策在实施过程中的问题，并进一步归纳出产业政策实施过程中影响产业绩效的关键所在，从而为下一章西部特色产业的政策启示找出其现实依据。

6.1 基于支持类产业政策的审视

如前所述，支持类产业政策主要是政府直接扶持产业发展所需的资金、人才、土地等生产要素方面，其政策涉及资金补助、税收优惠、人才与土地配置等，这些政策实施后在不同程度上对西部特色产业的绩效产生着影响。区域特色产业的发展需要利用区域比较优势，经历起步、积累、发展、效益渐显等几个阶段后，产业效率与竞争力才会逐渐提升，而在此过程中，西部地区区域特色产业发展的"先天不足"决定了必须要在政府直接要素扶持的基础上逐渐完成几个阶段的目标，且在政府直接扶持政策的支持下，西部地区区域特色产业已经取得了一定的成绩。但是这些支持类产业政策在实施过程中也存在着一定的问题，使得支持类产业政策应有的效力并没有得到最大化的显现。

在资金补助方面，样本地区在"十二五""十三五"期间主要是以直接补贴的单一形式给予相应企业发展所需的资金，并且注重从多源头对企业发展予以资金支持，因而所补贴的项目不仅涵盖了生产环节范畴，也包括了流通环节等众多环节，这在一定程度上缓解了诸多企业资金短缺的压力，减弱了特色产业发展过程中可能受到来自自然或者市场方面的风险，使得特色产业发展效益得到保证，因此西部特色产业的政府补助对于区域经济的发展与特色产业结构升级是有利的。但不可否认的是，这种单一的"输血式"补贴形式也表现出政府对特色产业全力推进的痕迹比较明显，而这种形式在短期内可能会极力促进相关扶持产业突飞猛进，但是也会造成企业过多地对政府形成依赖性投入的局面，因而，一方面政府需面对产业发展过程中诸多项目、诸多领域的补贴负担，财政压力不言而喻，政府"捉襟见肘"也必然会影响到政府对其他领域的资源配置效率；另一方面由于没有形成企业"主动造血"的机制，仅凭"等、靠、拿"来发展企业，使得其竞争力实际上并没有实质性的进展，因而其长期效果亦无法得以维续，这必将影响西部地区整体经济的发展效率。

在税收优惠方面，样本地区主要通过多项措施对特色生产企业进行了税收减免，其中不仅涉及一些大中型企业，而且也特别面向小微型企业制定了相应政策以助力小微型企业的发展，在增加政策公平性的同时，使得区域经济在健康、和谐的氛围中得以持续发展。但政策在实施过程中，据调研显示，有达 51.5% 的企业则认为，税收政策覆盖的范围较小，有一定数量的税收优惠只是针对产业园内、抑或只是对自主创新示范园内的企业进行政策设计与政策实行，而对产业园区外的企业税收优惠举措则相对较少，使得园区内外企业所承担的税负形成了一定的距离。而实质上对整个西部地区特色产业来说，应无园区范围内与范围外的限制，理应视其为特色产业整体发展的一部分，实际中也确实有些企业由于资金、技术、业务种类等方面并不能满足入园标准，因此有些特色生产企业实际上并不能享受到政府所规定的税收优惠，并且这对于外来投资发展西部特色产业而言其吸引力也不大，因而简单地以所覆盖的范围来划分税负的政策设计并不利于西部特色产业整体结构的协调式发展。这也就比较容易理解为什么在调研中，有接近 50% 的企业认为政府支持的门槛偏高。除此，目前税收优惠政策中，产业链中技术创新部分的税收优惠有些是在成果出来后才予以优惠，而在企业真正非常需要的创新起始阶段恰恰只给予了较小的支持比例力度，这不仅使得从事特色生产的企业发展资金进一步"缩小"，而更为重要的是，这种设计对于激励并引导西部特色生产企业自主创新的"主动造血"式机制非常不利。

　　在开展项目所需的人才与土地优惠政策方面，国家和西部各地方政府也做了大量的工作，如在人才支持方面，样本地区曾在 2014 年发布了《宁夏回族自治区支持企业引进和培养人才暂行办法》及 2015 年的实施细则，不仅鼓励企业引进、培养所需的高层次人才，对于引进的人才政府从生活到住房均给予了很大幅度的补助，而且在政策设计上对于一些骨干、技术团队则依据所做出的"贡献率"进行奖励，并在 2017 年 3 月兑现了 2016 年第一批次 22 家获得政府支持的人才补助资金达 553.45 万元[①]，2019 年继续对企业引进人才补助了 23.76 万元[②]。在第 3 章经统计描述分析得出：人才政策对样本地区特色产业的发展具有中等强度的作用，在实证分析中则得出人才支持类政策实施对支持类产业政策贡献率最小。诚然，人才对于产业发展的重要性在此无需过多的论述，尤其是对于经济发展、区域环境、自然禀赋等条件均较为欠缺的西部地区来说，人才对西部经济发展的重要性更是不言而喻，但是为什么在实证分析中却得出了其对支持类产业政策的贡献率是最小的结论，这与政策实施期间所存在的问题不无关系。本书在调研中对于人才政策设计了影响其效果的 6 个主要因素，要求被调研对象在其中选择 3 个最为重要的因素。调查结果显示，有 136 家企业认为引进的技术人才待遇得不到保证是最影响西部特色产业发展的人才政策障碍因素，占比高达 59%。不置可否的是，对于引进的人才予以相应的物质福利待遇，改善他们的生活及其工作条件与环境，从而使他们所付出的贡献与其所得到的、或者所实现的价值成比例，满足这几点才能使人才的工作积极性与热情得到充分调动，而此项结果显示，绝大部分的人才待遇目前并没有得到很好的保障。认为引进人才配置程度不高、培养手段单一，导向性不明确的企业占比 47.8%，是第二大障碍因素。认为对人才的单一激励、激励效果不明显的占比 46.5%，位居第三位。由此可知，此三项因素是被调研企业认为现行人才政策中影响最大的障碍性因素，因此，为了促进有利于西部特色产业发展的人才政策，必须要格外关注并尽量消除这三个因素。除此，本书对企业是否重视现有人员的继续教育进行调研的结果显示，在所调研的 231 家企业中，有 30.7% 的企业基本上不对人员进行技能培训或只是对新员工培训，在培训频率方面，每月或

---

　　① 我区兑现首批企业引进人才补贴补助资金 [EB/OL]. (2017-03-04). http://nx.gov.cn/zwxx_11337/zwdt/201707/t20170727_302161.html.

　　② 关于 2019 年自治区支持企业引进培养人才补助补贴情况公示 [EB/OL]. (2020-07-16). http://hrss.nx.gov.cn/xxgk/gkmu/gsgg/202007/t20200716_2165215.html.

每周进行人员培训的企业平均只有近19%左右，由此可见，目前西部地区特色产业的企业员工技能也并不能得到及时、有效的更新与提高，这也必将会影响到西部地区特色产业发展。不仅如此，由于很多特色生产企业尤其是中小企业存在着行为短期化的现象，很多缺乏完善的、甚至是没有制订人力资源计划，因而人才意识比较薄弱，如在调研企业中，认为通过引进、培养人才对企业未来的发展有较为明显影响的企业只有78家，比例只勉强达到34%，有高达66%左右的企业认为，引进人才、培养人才对企业发展没有多大的帮助，甚至在进一步的访谈调研中，有个别企业（如CH企业）直言道："我们也想重视人才，所以大前几年引进了2个技术人才，专门学习食品专业的，经过我们的培训后上岗了。我们引进的初衷是希望他们能够给我们的企业调制出更多新口味的食品，提高市场购买率，他们的待遇我们也给的不错，但是'供养'了2年，实际上啥都没有拿出来，连基本的配方都没有，只好辞退了，换由我们企业自己的人员去完成他们原本应该完成的工作，最后的结果也不错，所以我们现在根本不会去引进技术人才，不如我们的人才好用、实用。"由此我们得到启示，西部地区区域特色产业发展中的人才政策不仅要极力屏蔽三大障碍因素，同时针对企业自身对于人才的不重视，或者意识不到位的问题也必须要引起政府的重视。

对用于直接扶持区域特色产业用地优惠政策方面，各地方政府制定了多项优先用于解决特色产业发展所需用地的优惠政策，以保障区域特色产业的顺利发展，但政策实施中多是运用行政工具对其进行管理，如规划、计划、审批等行政手段，利用税费、价格调节管理等经济手段尚显不够。对样本地区的调研显示，有近60%的企业认为，政府提供产业项目用地时存在着审批效率不高、报批手续繁琐的问题；还有39%左右的企业亦认为，政策中"土地流转管理和监管不力"也是现行土地政策中存在的一个比较大的问题，这些问题的存在对于西部特色产业的适度规模化发展及促进土地与资金、劳动力等要素流动和资源的合理优化配置将带来不利影响。

由上述阐述可知，西部特色产业政策实施在支持类产业政策方面对其绩效影响的问题主要体现在财政直接补贴形式单一；税收优惠政策覆盖范围较小、创新前期优惠比例小；人才待遇不到位、配置程度不高、培养手段和激励方式单一、企业对自有人才的不重视；项目土地审批效率不高、报批手续繁琐等几方面。

6.2 基于促进类产业政策的审视

如前，促进类产业政策是以政府营造良好的产业服务体系为基本特征，主要通过促进企业创新研发以提高西部特色产业效率，促使其持续、稳定发展而提供的间接性政策措施，包括推动企业和金融部门协作的融资市场、信用风险担保与补偿、信息咨询与成果交易服务、创新成果奖励等。本书实证结果表明，虽然促进类产业政策在整个产业政策体系中扮演着较为重要的角色，但实际上促进类产业政策对西部特色产业绩效的影响作用却是最弱的，且对西部特色产业发展不同绩效构成要素的影响也不十分明显，可以从以下几个方面审视促进政策实施中所存在的问题。

在融资市场方面，目前，样本地区特色生产企业发展主要是以银行贷款和自筹资金两种形式为主，个别大型企业也以发行债券的形式作为筹资的方式，截至"十三五"时期末，样本地区金融业增加值占地区生产总值的8.2%，金融机构贷款余额以年均8.7%的速度在增长，金融为样本地区特色产业发展搭建了很好的融资桥，已成为推动服务业发展的支柱性产业①。但是由于西部地区区域特色生产企业大多数是一些中小企业，能够达到金融机构贷款要求，并且能够获得贷款来满足持续发展的企业数量并不多，许多企业依然受限于资金短缺，融资渠道狭窄、融资成本高等问题始终伴随着西部特色生产企业的发展，"融资难、融资贵"的棘手问题已经成为西部地区区域特色产业进一步发展和健康成长的主要障碍。为解决这一难题，从国家层面到各地方政府层面均联手各金融机构制定并实施了大量融资措施，着力去解决企业融资问题。但是这些政策措施很多是从宏观层面上去解决企业融资问题，微观层面的问题如融资渠道、准入、期限、政策执行等问题依然困扰着西部特色产业的发展。比如，在融资渠道方面，本书对231家企业的调查显示，其中有128家（占比55.4%）企业均认为现有的融资渠道太少、融资方式较为单一，而有57.6%的企业认为银行贷款准入条件严格，申请难度大，绝大多数企业根本无法获得银行贷款。且在贷款期限方面，由于西部特色生产企业中家庭企业较多，生产规

① 宁夏回族自治区地方金融监督管理局. 宁夏回族自治区金融支持地方经济社会发展"十四五"规划［EB/OL］.（2021 - 12 - 21）. http：//jrjgj. nx. gov. cn/zcfg/gjzc/202112/t20211221_3240914. html.

模普遍较小，发展资金比较少，不仅企业内部的资金筹集能力比较弱，抗风险能力也不强，而且往往也不受各金融机构的青睐，这些企业特别需要稳定的资金扶持才能得以持续、健康发展。但实践中，金融机构在响应国家、地方政府有关融资扶持中小企业发展的号召时，考虑到这些企业的前景与偿还能力等因素，在对其进行资金贷款时经常是以短期贷款的形式进行发放，且贷款额也较低。正如调研结果显示，近51%的企业纷纷认为所拿到的贷款"融资额较低，供给不足"。然而企业的发展是一个长期的行为，当发展中无法筹集到足够维持其生产的资金，或者无法通过银行贷款得到发展资金，同时既要面对短期内就需要还贷的压力，又要维续本企业的生存发展，因此实践中又存在着西部特色生产企业对资金需要的稳定性与贷款期限较短之间的矛盾，进一步加剧了企业资金的压力差，企业甚至可能要面临倒闭的风险，这种情况必须要引起政府的充分重视。除此外，从政策执行方面来看，则存在着融资政策执行不佳、落实难的情况。这几年在国家宏观政策的指导下，西部地区区域特色生产企业的融资环境慢慢得到了一些改观，政府接连制定了多项鼓励金融发展，支持社会经济发展的政策，各家银行也随之响应政策加大了对西部特色生产企业的资金支持，尤其是加强和拓宽了对中小微型企业在资金支持方面的力度与范围。但是在实际执行时，各大国有银行多年来一直是垂青于大型企业，而本应大力支持中小企业的地方银行，近几年也确实积极加大了支持，但在实际政策实施时，出于对自身盈利及规避风险的考虑，且在渠道覆盖、种类创新等问题上也存在设计不够充分，以至于在政策实施过程中出现了政策多而执行难、计划全而执行弱等"两张皮"现象，金融政策执行时时被"打折"，从而使得本应倾向于中小企业的信贷资源占据整个信贷总规模的比例仍然比较小，影响了金融政策对于西部特色产业发展的支援效果，因而调研结果显示，只有8%左右的企业对于融资市场政策的执行情况非常满意。又如，自2015年开始，国家积极推动政银合作的"银税互动"工作，从现在样本地区的执行情况来看，2016年经"客户筛选"后，有266家中小微企业得到了政策的红利①，2020年对受新冠肺炎疫情影响较大的小微企业筛选后，前5个月也只有3027家小微企业获得了信用贷款②。上

---

① 宁夏举行税务机关深化税收改革助力企业发展新闻发布会 [EB/OL]. (2017-03-30). http：//www. scio. gov. cn/xwfbh/gssxwfbh/xwfbh/ningxia/document/1546888/1546888. htm.
② 宁夏3027户小微企业获"银税互动"信用贷款11.7亿元 [EB/OL]. (2020-06-17). http：//nx. people. com. cn/n2/2020/0617/c192482-34093251. html.

述分析表明大多数西部特色生产企业仍然较难享受到政府的融资政策待遇，"融资难、融资贵"依然困扰着西部地区区域特色产业的发展。

在信用风险担保与补偿方面，政府制定并实施了企业信用体系建设措施，并积极创立企业贷款风险担保与补偿机制，通过财政资金的杠杆作用，鼓励各金融机构加大对中小企业的信贷扶持，同时创新担保方式，不仅固定资产可以用于担保，企业的信用资质、商标等无形资产也可以进行担保，从而进一步以灵活的方式解决中小企业融资的问题。比如，为缓释担保公司的风险，进一步将各担保机构导向并助力中小微企业发展，对于向中小微企业及"三农"主体开展的单笔担保资金少于500万元的业务机构予以担保年金额2%幅度的财政补贴，同时样本地区对承接省政府的政策性免费担保业务的机构给予了10万元的额外担保补助①。截至2021年8月，样本地区融资再担保集团分担业务中，投向小微企业及"三农"所占的比重达到了96.01%②，这些措施进一步减少了特色生产企业的融资成本。而各个地方也在以各种方式积极打破企业融资难题，以多种方式创造新的担保模式，如样本地区的固原惠民担保公司响应政府，以"公司总担、龙头企业分担、种植户互保"的模式，重点支持原州区特色蔬菜产业；青铜峡市通过商标质押贷款的新方式解决企业资金难题。尽管如此，由于样本地区有关融资担保发展的历程并不长，虽然在国家和政府鼓励与支持的基础上收获了一些成果，但仍然不能完全满足西部特色产业诸多的中小企业主体的需求。在调研过程中进一步发现，从担保公司性质来看，民营性质担保公司的数量多于国有性质。一般来说，国有性质的担保机构往往进入的门槛较高，且由于其具有政策性的背景，因此在承接时也经常对接国有企业，而民营性质的担保公司以追求盈利为目标，且相对而言其资金少、规模小，因而也无法满足众多民营中小企业的担保需求。而目前西部特色产业中，很多是家庭式经营的小企业，这种现状的存在直接导致很多西部地区特色生产企业仍然无法以担保的形式获得发展资金。除此，风险补偿性资金也较为欠缺。在调研过程中发现，样本地区也依据本地实际情况与产业特色，建立了风险补偿办法，但实际上这些补偿资金主要来源于各个地方政府财政，由于地处欠发达地区，经济基础较为薄弱，各地

① 宁夏担保体系建设专项资金管理办法［EB/OL］.（2020 - 03 - 16）. https：//czt. nx. gov. cn/zwgk/zfxxgkml/gfxwj/202004/t20200401_2007567. html.

② 积极发挥"稳定器"作用，为我区融资担保行业发展保驾护航［EB/OL］.（2021 - 08 - 03）. https：//view. inews. qq. com/a/20210803A02Y3C00？ startextras = undefined&from = ampzkqw.

方财政本就不富裕，因而能用于风险补偿的财政资金比例较小，最终将资金再配额给各商业银行的数量亦非常受限。据调研显示，样本地区特色生产企业中有 80% 的企业发展资金主要来源于银行信贷，仅有 11% 左右的企业是通过民间借贷的形式获得资金，即西部特色生产企业对银行信贷的需求总量比较大，这恰恰与银行获得的风险补偿额较低的现象形成了较大的差距，而商业银行出于对自身利益的保护与贷款不良率的考量，加之对于中小企业的未来发展效益有一定的担忧与顾虑，因此在自身风险得不到相应较为充分的分担与补偿资金时，对中小企业发放贷款更为小心翼翼，慎之又慎，其结果就是许多中小企业更难得到银行的贷款支持，从而进一步影响到了西部特色产业的正常发展。

在成果转化、交易与奖励方面主要是通过促进企业创新研发从而加快产学研结合及其技术成果转化与交易。我国技术创新研发环节成功转换成现实生产力的比重比较低，2020 年科技进步贡献率尽管超过了 60%，但相比美、德等发达国家普遍达到 80% 而言，依然有着一定的差距①。目前西部地区的科技力量以高校、科研院所等为主，而企业的科技力量一般较为单薄，且创新力也不足。尽管近几年各地也制定并实施了多项科技改革措施，以促进西部特色产业的发展，如允许高校专技人员创新创业，从而促进成果转化率的提升。但有关科技成果转化与交易政策在实施几年后，仍然存在着问题，主要表现在，第一，支持科技成果转化的中介服务机构政策不完善使得成果供求信息不对称、不透明，从而导致政策实施的偏差较大。创新成果政策若想取得政策预期中的效果，政策设计必然要促使研发（供给方）成果向市场（需求方）的顺利、及时转化，之后才能实现最终的成果价值，而在这个过程中，有个非常重要的角色担当者——中介服务机构，通过他们为科研机构寻求到需求方，并转而进入企业方投入生产。但实践中，由于支持科技中介服务机构的政策并不完善，也没有非常明确的法律地位，因而西部特色产业在发展过程中，尽管有些高校或院所已经就某些特色产业形成了相应的技术成果，但由于科技中介服务机构并不是很健全，导致相应的企业并不知道该项技术成果的存在，使得新的科技成果因不能或无法及时找到需求方而不能有效投入生产，从而进一步导致科技成果转化政策在实施过程中由于供求信息的不对称、不透明而弱化了其政策效果。本书对西部特色生产企业调研显示，有 65% 的企业认为信

---

① 2020 年我国全社会研发经费预计 2.4 万亿元，科技进步贡献率超过 60%［EB/OL］.（2021－02－27）. http：//finance. sina. com. cn/jjxw/2021－02－27/doc-ikftpnnz0033813. shtml.

息不透明是影响西部特色产业发展的科技成果政策中的一大障碍因素。第二，西部在科技成果转化方面的评价体制不完善，奖励不到位，从而削弱了成果转化效率。西部地区目前有关科技评价主要是以相关政府部门组织的项目评审组的方法进行，对于成果的投入成本与市场需求方面考虑不多，而在评价指标方面多从理论视角入手而较少从应用性角度设计，因而研究成果也多注重学术方面，故最终成果实用性、市场性也较差，而对于有些较为实用的科技成果，其奖励机制也没能有效地激励成果持有人或应用人将之进一步转化并投入生产，奖励申报也多停留在追求完成科研项目的验收任务要求上，技术转化的成熟度也较为欠缺，故此多方面的原因进一步削弱了成果的转化效率。

由上述阐述可知，产业政策实施在促进类产业政策方面对其绩效影响的问题主要体现在融资渠道狭窄、方式单一；融资政策执行不佳、落实难；中小企业的银行贷款准入条件严格，申请难度较大，风险补偿不足；科技成果供求信息不对称、不透明，政策实施偏差较大，成果转化评价体制不完善，奖励不到位，成果转化效率不高等多方面。

6.3　基于规范类产业政策的审视

规范类产业政策是政府为创建有益于产业健康有序的宏观发展环境而制定的相关监管、保护与引导类的政策措施，主要包括知识产权、土地集约利用、质量认证、规范企业行为的技术标准等引导规制政策。本书实证结果表明，规范类产业政策在整个西部特色产业政策体系中具有最重要的地位，其中的知识产权政策变量对规范类产业政策具有最强的贡献，但实际中由于受西部特色产业的特点、处境及其发展态势的影响，相对促进类与支持类产业政策而言，规范类产业政策对西部特色产业绩效的影响作用仅居于三者之间，可以从以下几个方面审视规范类产业政策实施中存在的问题。

在知识产权方面，知识产权政策不仅对于整个区域特色产业的发展起着战略性作用，且对规范整个市场的秩序也有着重要的作用。近几年样本地区在此方面也相继出台了针对性的措施办法，如在 2020 年 1 月，样本地区财政厅与市场监督管理厅共同修订并实施了有关知识产权补助资金的办法，凡在区域内的符合条件的企事业单位、社会团体、各类创新平台依托单位等均可享受相应的知识产权补助，财政预算不足还可在补助规定的限额内做同比例调整，通过此办法的实施以保护企业知识产权不受侵害，增强知识产权竞争力。然而调研中发现，这种以补助或奖励性为主的知识产权政策，容易使政策的目的与企业的追求发生冲突，从而导致政策的效应减弱。政府制定知识产权政策并给予支持，是以企业申请知识产权并且运用于实际生产，以提高本区域中的知识产权对经济发展的贡献力与软实力为主要目标的，然而西部特色生产企业多属中小企业，受多年家族式生产经营的影响，观念陈旧，对于知识产权的重要性认知不深、意识不够，很多企业持无所谓保护与否的态度，看重生产而忽视专利，认为有形资产重于无形资产，或者只是表面上响应政策并被动地接受，因此很多企业对政府的知识产权政策也仅仅是停留在申请阶段，并以获取政府的资金补助为申请目的，或者仅是以获得知识产权作为企业向外宣传的一种荣誉或手段，导致知识产权从表面上看似申请的数量很多，但最终真正有助于实际生产的并不多，从而使得政策原本希望的以"无形资产"获得"有形资产"并转化为商业价值、转变区域经济增长方式的目标不能如期"保质"实现，这种情况反映出现行政策对于中小企业知识产权意识的引导性与重视程度不足，尤其是对于培育区域特色产业方面的知识产权政策还比较缺乏。另外，调研中有企业也强调，现行知识产权政策多偏向于大型企业，而对于西部特色生产企业中的多数中小企业而言，由于其技术、资金等条件的约束难以达到知识产权奖励或补助要求的水准，或者要付出多倍于其他企业的努力才能获得或勉强获得，从而使得企业对知识产权从申请到转化的动力与兴趣并不高，这也是导致政策对西部特色生产企业吸引力较小的另一个比较重要的原因。

在土地集约利用方面，西部地区土地资源质量尽管比较低，但土地资源相对比较丰富，很适宜根据各地资源禀赋发展特色产业。但与此同时，地处西部欠发达地区，土地利用粗放型特征较为明显，人力资源相对比较缺乏，加之政府财力投入有限，因此在发展特色产业的过程中，实施土地集约化政策是区域特色产业久远发展的基础。为此，样本地区曾先后于2015 年 1 月、2019 年 7 月提出了相关土地集约化管理的意见①，并予以实施，为今后规范用地、集约用地提供了指导方向、奠定了基础。同时，利

---

① 2015 年 1 月，宁夏回族自治区党委办公厅、政府办公厅印发《关于加强和改进节约集约用地管理的若干意见》，该意见中提出了 22 条建议，2019 年，宁夏回族自治区自然资源厅发布了《宁夏回族自治区开发区节约集约用地管理办法》，为宁夏依法管地、用地指明了方向，同时也为保障区域经济社会可持续发展、提升集约用地打好了基础。

用智能化手段评价监管，在用地规模与标准方面，也严格按照相关规划、布局、用途审核与批准使用要求，并以城市集约用地的标准与规范要求，对样本地区 4 个地级市和 1 个县级市开展了土地集约化评价，针对闲置土地展开了清查工作，经过一系列的工作来推动样本地区有效的土地得到高效利用，从而为样本地区特色产业的相关转型升级、项目规范化用地、彰显用地效益以及产业长久发展提供了依据。在调研过程中发现，样本地区对闲置土地进行了清查，也针对特色产业集约化用地制定了政策，盘活利用成效也比较明显，比如，2020 年处置 4.63 万亩"批而未供"土地，闲置 0.78 万亩的土地，并实施常态化处置土地"批而未供"行动，但在政策执行中对有闲置土地而未将其真正投入使用的企业并未实施非常严格的或真正意义上的"奖惩"措施，这反映出在土地集约利用监督政策方面存在着一定的缺失，这必然对西部特色产业长远发展造成影响。

在质量认证、规范企业行为的技术标准等引导规制政策方面，由前述可知，产品质量认证的过程实际也是西部特色生产企业内部进行规范化与优化创新环境的过程。区域特色产业作为体现西部各地的品牌优势与支柱产业，正在带领各地经济走向正确的发展方向，但是由于适用于西部特色产业的相关质量标准并不符合国际上有关贸易的规则，使得其在出口过程中频繁遭遇诸如质量标准缺乏等出口障碍，例如，枸杞产业是样本地区特色产业中的主要优势产业，但由于农药残留超标等问题使得其枸杞品牌形象受到很大影响，出口量也急剧下降。为此样本地区通过逐步完善农产品"认证认可"、质量监管、"质量百强"评选发布、原产地证书、品牌示范区等多种方式，有助于西部特色产业的质量得以提升、出口逐渐得以提高，在 2016 年重启枸杞有机认证后，宁夏有 13 家枸杞企业获批枸杞有机证书，2019 年"宁夏枸杞"第一次成为国家有机产品认证目录中的一员，伊品生物、涝河桥牛羊肉类、杞叶青、中宁恒兴果汁等多家特色生产企业入驻国家的"三同"平台，从而使得产品可以相同的技术标准、质量等次进行生产，并逐渐带领其他特色生产企业实现以"认证"方式规范企业生产，以质量认证、标准规范方式等达到增强合作双方认可的目标，为其走向国内、步入全球奠定了坚实基础。尽管如此，在调研中也有企业提出，由于目前样本地区并没有能够得到国内和国际上共同认可的农产品（如枸杞、羊绒）技术标准体系，缺乏国际的商标注册，因此在出口方面屡遭国外技术壁垒的限制，极大地影响着西部特色产业向外发展。除此以外，西部地区区域特色生产企业"小、散、乱"式的生产特点导致许多企业

"自觉地"远离标准化要求的生产轨道，统一、权威的信息发布渠道与制度的不健全也使得企业不能及时、有效地掌握最新技术标准信息，而农产品质量安全在其监管过程中的"见票"放行、入市前后监管衔接性不强等多种因素的存在进一步阻碍着西部特色产业不能从源头上真正实现以质量取胜的战略。

由上述阐述可知，西部特色产业政策实施在规范类政策方面对其绩效影响的问题主要体现在培育西部地区区域特色产业方面的知识产权政策较为缺乏，政策目的与企业追求有所冲突；土地集约利用监督政策有一定的缺失；缺失能得到国家和国际上共同认可的农产品质量标准体系，且缺乏国际商标注册，质量监管流于形式等方面。

6.4　基于产业政策整体视角的审视

6.4.1　政策间协调性不强，执行不佳

产业政策归根结底是以促进产业、推动区域经济更好发展为目的，因而为实现此目标，不同部门基于不同的出发点、不同的领域制定并实施了不同的产业政策。比如，为使西部特色产业得到更好的发展，除中央相关机构外，各地区政府及其职能部门下发的相关文件、意见等都有涉及特色产业发展的问题，政策涵盖金融、财政、科技、土地、人才等多项内容，但由于各机构在制定政策时多是从自身机构的特点与某个产业或某地区的实际情况进行考虑设计，政策间缺乏系统性与联动性，而正是这种政策设计的出发点及其政策的不足，使得各政策之间协调性不强，这种情况很容易出现"一事多管、一事扯皮"的结果。一般来讲，产业政策若要获取到较好的结果往往需要从两个方面切合好，一是需要地方区域产业政策与国家整体产业政策契合，二是各产业政策及其机构之间要彼此相互契合，如财政政策、科技政策、金融政策之间的相互协调与配合，同时还需要各机构之间的相互配合，唯有此产业政策才能获得预期设计中的效果。但实际中，由于政策制定的不同机构间缺乏有效的沟通机制与渠道，各政策最终的达成目标又有一定差异性，各个不同机构之间也有一定的利益考虑，同时对于各个政策所涉及的职能范围也没有进行权威、严谨的界定，因而导

致政策的制定与实际执行之间可能会存在着一定的矛盾，甚至某些情况下会导致政策间的彼此冲突，这种情况不利于最终得到政策预期中的良好效果。如在政策执行方面，本书对样本地区特色生产企业的实际调研结果显示，对产业政策总体执行满意度良好的企业比例平均不足25%。其中，对产业政策的实际执行认为比较满意的企业比例是14.63%，仅有7.9%的企业对政策执行情况感到非常满意。一般来说，地方政府、基层部门是执行产业政策的实际主体，而这些主体在实际执行政策时受自身机构特点的影响会更多地从自身角度得失考虑，加之各个政策主体间的信息不对称、激励机制不健全、监管的疏漏与大意等原因都会使得产业政策不能被有效率地执行下去，进而使政策偏离初始的目标而致使最终的政策效果不佳。政策执行不佳直接会影响到产业政策的实施效果，也是导致产业政策得不到良好预期效果的一个很大的原因。

6.4.2 政府主导的政策性工具依赖性强，法律手段不足

目前西部特色产业的各种产业政策中，政府多采取以调整优化产业结构为目的的保护和扶持政策，或者采取强制的行政手段解决或避免产业出现过度竞争的局面，或者采取以提高产业集中度为目的的企业兼并，在此过程中，政府常常也会帮助"挑选"一些"优先"企业，并以项目审批、财政直接补助、税收优惠或减免、信贷贴息、贷款担保等形式来帮助或缓解企业的发展资金需求。对于这些政策工具，究其本质上依然是以政府为主导的政策性工具为主。诚然，这类政策性工具在促进西部特色产业发展的过程中是一种比较有效且直接的工具，这一点在上述实证分析中也得到了印证，并且这类政策也非常有助于西部特色产业的结构优化调整与规模的适度扩大。但是过多地依赖于这种政府主导性的政策工具不仅不能从其根底深处解决产业发展过程中的真正问题与有效竞争，也非常影响产业市场化发展的正常进程，并且易形成一种政府过度干扰产业发展的局面（谭正航，2016）①，其结果既不能有效激励企业践行以创新为战略目标的长远发展之路，也不能真正提高产业的效率发展。另外，与此类政策工具形成鲜明对比的是，有助于区域特色产业发展的行之有效的法律手段却比较少。现有产业政策中，知识产权方面的相关法规措施相对而言比较健全，

---

① 谭正航．我国区域产业政策法律制度演进历程与完善路径［J］．生态经济，2016（6）：114－118.

其次是关于特色产业产品质量、品质方面亦有《中华人民共和国食品安全法》《中华人民共和国产品质量法》等方面的法律保障，而其余的产业政策大多数是以条例、意见、规划、方案等行政文件的形式出台，以地方立法来专门保护特色产业，目前仅在枸杞、奶产业、葡萄酒等特色产业方面出台了相关的地方法律，但对于其他特色产业方面的政策则较为零散，且较缺乏以法律法规的形式来保障产业得以绿色发展的实践，从而不仅使得西部特色产业的政策在整体性与协调性方面较为缺失，而且使得西部特色产业的政府调控行为也缺乏必要的法律依据。

6.4.3　政策监督模式单一，绩效规范性评估缺乏

政策监督对保障产业政策实施的效果产生着较大的影响，其有效的实施不但可以作用于政策自身，而且对于监督政策实施主体行为的合理、合规、合法亦有成效。为促进特色产业的发展，西部各地实施了多项扶持政策，并且在实施过程中根据产业发展情况不断吸取经验、发现问题、调整政策，以持续优化与完善的政策体系促进西部特色产业更好地助力区域经济的发展。但是在其实施过程中，有关政策的监督与评估环节存在着不少的问题。本书 2020 年 12 月底对样本地区审计厅网站以审计监督、内部或内部监督等为关键词进行检索后发现，可以查找出多条与内部审计监督相关的内容报道，同样以审计监督、外部或外部监督等为关键词检索后却仅仅查找出为数不多的几条与之相关的内容报道。由此可以看出，目前样本地区对于产业政策与相关项目实施情况的监督模式较为单一，主要是以审计机构的内部审计监督的方式进行，其监督的主要目的是确保项目资金的使用合规与合法，而外部监督比较少。内部与外部监督是政策监督的两种有效形式，通过外部监督可以加强政策执行的质量，规范执行者的行为，从而置产业政策的监督于一种良性循环之中，进而发挥出政策的最佳效力，而过多地依赖于政府内部监督的单一模式，久而久之，政府的部分行为并不会被有效制约，且容易出现因监督者的被"俘获"而导致政策监督的失灵。

在政策评估环节，由于产业政策是针对产业发展到某一时期或某阶段时所制定的促进措施与办法，因而必须要根据产业发展阶段的不同周期与特点适时对其进行评估后予以调整与更新，以更好地使产业政策适应产业发展所需。在发展特色产业的过程中，各地制定实施了多项政策措施，虽

然政府在有些政策文件中也提出要对其进行评估，比如，早在 2016 年样本地区农牧厅与财政厅联合下发的政策文件中就有所体现①，后续也相继出台了相关政策，但是针对如何评估，评估的标准是什么，评估的程序、技术、方法，评估的指标等并没有做出更为详细的方案，而且政策中规定由农牧厅组织各级农牧机构和专家来进行评估，很显然这种政策评价方式的主体仍然由政府主导的各级政策执行机构组成，而不是由专业的独立第三方评估组织与专业的评估人员对政策实施的绩效进行规范性政策评估，并且对于未来产业政策实施后的预测性评估更为缺失。这种情况一方面会使产业政策的公正性、客观性在某种程度上有所降低，而另一方面必然会对今后如何根据区域特色产业发展的实际情况制定出适宜的产业政策产生很大的影响。

---

① 2016 年 2 月，宁夏回族自治区人民政府颁布的《关于创新财政支农方式加快发展农业特色优势产业的意见》中规定要加强对相关项目的绩效评估。

第 7 章

政 策 启 示

本书在第5章西部特色产业发展绩效结构模型、产业政策实施对西部特色产业绩效影响效应模型实证分析环节中，经严格的检验后寻找出了本书的数据证据，第6章围绕产业支持类、促进类、规范类及其政策整体性视角在政策实施过程中的问题表现，进一步归纳出了影响产业政策实施绩效问题关键点的现实性依据。本章将在前面实证分析所得数据基础之上，结合第6章的现实依据进一步分析得出西部特色产业发展的政策启示。

任何产业政策在实施过程中必然会存在很多问题，同时由于西部地区经济不发达、财政资金不足，也使得产业政策实施后不会对西部特色产业发展有较好的绩效结果产生。结合第5章实证检验的数据证据和第6章的现实依据，本书认为，提升产业政策、促进西部特色产业发展绩效的提升可从以下五个方面入手。

7.1 重视规范类产业政策在西部特色产业中的引导作用

本书最终实证结果的数据证据显示，规范类产业政策在整个西部特色产业政策体系中具有最重要的地位，其中的知识产权政策对西部特色产业规范类产业政策具有最强的贡献。但是规范类产业政策对西部特色产业发展绩效的影响作用居于三类政策的中间水平。而对规范类产业政策实施于西部特色产业过程中问题审视的现实依据则表明，培育其中的知识产权政策、强化土地集约利用监督制度、制定国内和国际上共同认可的农产品质量标准体系、实施有效的无缝质量监管有助于规范类产业政策对西部特色产业绩效的提升。

7.1.1　确保企业为主体的知识产权制度，促进企业自主创造能力

政府在整个知识产权中的主要任务是为企业搭建政策平台与环境，而企业才是真正的知识产权工作的主角[①]。由前述的问题审视发现，目前对特色生产企业主要实现的是以补助或奖励为主的知识产权政策，这种方式容易使得企业追求与政府目标间不一致甚至发生冲突，导致政策效应减弱，也反映出现行政策对于确保以企业为主体的自主知识产权意识的引导性不足，因而应通过制定相关政策，激励企业自主创新的意识，引导企业能够自主构建并完善知识产权目标与体系，从而确保以企业为主体的自主型知识产权体系的建立，进而使得企业尤其是一些中小企业的自主知识产权创造能力能够得以提升。首先，激励企业认识并意识到知识产权是企业一项巨大的隐性财富。由于西部地区区域特色生产企业中很多都是中小企业，这些企业不仅管理水平有待提高，而且资金问题一直是该类企业持续发展的头等大事。如前述的问题审视可知，企业目标与政府知识产权目标间之所以会不一致甚至冲突，其深层次原因是企业没有深刻认识到知识产权也是企业的一笔巨大的隐性财富，通过知识产权也可以获取企业的终极目标——利润。因此激励企业认识到利用知识产权可以提高企业竞争力进而可获得更多利润时，才能进一步引起企业尤其中小企业重视知识产权的意识。故此，政府可以在完善区域特色生产企业自主知识产权评价指标与规则的同时，通过建立专门针对中小企业的知识产权资质认定表彰制度，如定期举办、评比、表彰、认定具有自主知识产权优势的特色生产企业，指导企业建立自己的知识产权战略，并将现行多针对生产过程的补贴转向多针对产品创新方面的补助，补助力度以产品创新的实际程度来决定，且对这些企业予以额外奖励，从而对那些能够重视自主知识产权的西部特色生产企业予以正向的认可与激励，继而促使这些企业发挥出其示范与引导效应，激励并带动其他特色生产企业也能积极加入自主知识产权的行列。对政府而言，则需要政府联合各金融机构开展、扩大并完善知识产权质押贷款，减少质押审批手续，让中小企业充分认识到通过自主知识产权也能

---

① 刘雪凤，高兴．促进我国自主创新能力建设的知识产权政策体系研究［J］．科学管理研究，2014（32）：21-40．

为企业发展提供一定的资金服务，并可以获得政府额外的奖励与荣誉，从而持续提高区域特色生产企业自主创新的意识。其次，通过载体建设为西部特色生产企业自主知识产权服务铺平道路。知识产权在申请、运用及其保护等方面，需要有专门的知识产权平台与组织予以企业专业的指导，以帮助企业应对发展越来越复杂且多变的外部环境与挑战，因而，西部地区可以借助区域内高校及科研院所拥有的一些现成的实验室、部分大型企业的优势、高新区等资源为企业建立一批运用并转化知识产权投入生产的保障基地，从而为企业顺利将知识产权投产提供专业保障，尽可能地减少企业投产的风险，加快区域特色生产企业自主知识产权运用的进度。与此同时，重视培养适宜本土的知识产权服务人员和专业人才，借鉴发达地区的实践加快区域内的知识产权中介服务建设，向企业宣传如何发展有利于本企业的知识产权，并帮助西部特色生产企业充分认识到本地优势，规避来自省外、国内乃至国际的产权风险，从而为区域特色生产企业知识产权的获取、使用及其保护意识的提升提供技术支持。最后，依据各地市及各县的资源特色与产业发展情况构建为特色产业服务的知识产权信息网络。借助智慧城市"云服务"平台为西部特色生产企业，尤其是信息闭塞的中小微型企业提供数据资源及共享信息服务，努力促成以"西部特色产业"为特征的知识产权网络与交易机制，从而为西部特色生产企业提供更为权威、可靠、便捷的知识产权信息。

7.1.2　积极推进土地集约化使用常态机制，挖掘存量土地

唯有在有限的土地资源上改变用地方式，采取有力措施规范化用地，土地节约、集约使用才能得到有效贯彻，也才能有效地利用好宝贵的土地资源。西部地区土地利用粗放型特征与人力资源相对缺乏决定了西部在发展特色产业过程中必须要格外注重土地集约化政策的运用。如前所述，西部地区在土地集约利用与监督方面缺乏长效机制，使得各个地方尽管开展了土地清查但实际中仍然有大量"批而未供"的闲置土地存在，产业发展缺乏持久用地保障势必对西部特色产业长远发展有所影响。因此，一方面，需要在与西部特色产业的总体规划衔接的基础上，编制并使用特色产业持久发展用地规划。样本地区这几年根据各个地方特色，规划的"1 + 4"主导产业发展思路，并以地方特色产业发展实施精准扶贫的长远规划，在 2016 年启动了十个特色产业示范村的项目，2020 年正式出台了九大重

点产业高质量发展实施方案，以多种举措带动区域经济快速发展。因而随着产业规划项目的增多，对土地的需求量也呈现快速上升状态，但由于土地属于稀缺性资源，用地规模已经逐渐"见底"，使得很多产业所必需的项目用地无法顺利"接手到土地"。因此应在西部特色产业总体规划的牵引作用下，将产业有序地推进工业园内，新增的产业所需项目土地集中安排至重点产业聚集区，从而形成以规划中的几大产业园为中心、特色产业示范村为补充的特色产业园区体系，并通过适当的政策引导，减化项目土地供给手续，实现工业园内土地有序流转，提升土地使用强度，促进土地高效利用，逐渐改变西部粗放、零散使用土地的现象。另一方面，需严格产业用地标准和政策，挖掘存量土地，健全土地集约监督工作。基于执行区域有关集约用地政策，政府应会同相关机构以统一的土地集约化衡量指标为标准制定集约化用地标准与差别化地价标准，并要求严格按照此标准规划产业项目用地，避免部分市、县以招商引资为名目而降低标准，并根据各地产业特色与地方实际情况，合理设置弹性土地出让制度，尽量控制新增用地，挖掘存量土地，在政策容许的前提下支持地上、地下土地的挖掘空间，提升存量土地使用率。与此同时，在地区土地动态监测与信息系统的基础上，依托智慧云与大数据服务平台，将各地土地集约使用信息报送制度列入各地领导绩效考核中，增强各地对集约用地的认识，加强各产业项目用地评估，跟踪监测各项目用地实施进度、使用效益等指标，及时精准掌握产业用地信息、需求信息、闲置原因、批而未供等情况，从而在对各地土地信息精准掌控的基础上，实现对西部特色产业用地精准化集约化的管理。

7.1.3 制定共同认可的特色产品质量标准体系，实施无缝质量监管

以质量推动区域经济发展是西部各地响应国家"质量强国"的战略抉择，是西部未来实现经济转型升级的新动力。正如前文所述，西部地区区域特色产业一方面作为体现区域品牌优势的产业正在带领区域经济走向正确的发展方向，但与此同时，由于国内的质量标准并不完全符合国际贸易规则，使得西部特色产业在走出国门的过程中频遭诸如质量不合格、标准缺乏等问题，加之产品质量监管有待提高，也在一定程度上致使产品质量参差不齐，影响着西部特色产业的向外发展道路。因而为促进西部特色产

业能"走出去",需要政府在面对国际环境越来越复杂、贸易及产业纠纷越来越多的情况下,组织多形式的沟通交流,借助"一带一路"及其"黄河流域生态保护和高质量发展"的战略机遇,充分调用各种信息资源,积极组织专家学者、企业人士等,制定国内、国外能够共同认可的各类特色产品质量标准体系,如枸杞质量标准等,并且通过各地方特色品牌行动推动品牌建设,扶持企业积极申请国际商标注册,并促使企业主体依照标准要求组织生产,带动相关企业投入标准化生产队伍中,在保证产品质量安全的前提下,协同海关部门逐步完善西部特色产品出口预警机制,同时为企业提供法律、技术法规、财税优惠、国际贸易等信息咨询服务,尤其是向特色产业出口企业提供各种贸易防范与保护措施,解决西部特色产业出口的技术阻碍,从而为西部特色产业能顺利走出去创造有利的环境与条件。除此以外,为避免出现产品质量监管"见票"即放行等表面化监管的形式,需政府严格明确各级监管部门的职责,清晰不同监管部门的监管边界,强化监管职责与追究责任,建设特色产品在线式管理系统,依据属地化原则,从产品准入到准出环节由不同产业管理部门分别制定无缝衔接监管机制与具体细则,实现源头追溯、过程监控、结果倒追到人、严查到底的特色产品质量全监管链条,并以法律条例的形式予以确定,从而保证产品质量从走出生产关至进入最终的消费关均无显著性差异。

7.2 强化支持类产业政策在西部特色产业中的扶持作用

本书最终实证结果的数据显示,尽管支持类产业政策在整个西部特色产业政策体系中的重要性是最弱的,其中的税收优惠政策对支持政策具有最强的贡献度,人才政策贡献最小。但是从支持类产业政策对西部特色产业发展绩效的影响作用来看,其直接影响效应是三种政策中对西部特色产业绩效影响最大的政策类型。而对支持类产业政策实施于西部特色产业发展中问题审视的现实依据则表明,积极整合财政资源,采取多种形式、覆盖面较广的要素投入,完善人才培育方式,减化审批手续等将有助于支持类产业政策对西部特色产业绩效的提升。

7.2.1 整合财政资源，采取多样化、覆盖较全的资金扶持手段

产业政策要根据实施地区的不同经济水平制定，其政策实施的强度及其投入情况也有所不同。一般在经济比较发达的地方，企业发展所面对的先天条件也比较好，因此地方政府只需投入不多的资金即可解决企业在发展过程中的问题，因而在直接要素投入方面政府投入的力度也会弱些，而在西部地区面临着经济与资源的双重约束下，不仅产业借以依托的地方经济发展较为落后，而且产业发展的环境、人员的思想等也相对较为封闭，财税政策是整合相关资源实现其合理化配置、促进区域经济持续增长与产业优化发展非常重要的手段。因此产业在发展过程中，不仅在产业发展的前期需要投入大量直接要素为特色生产企业向着区域特色产业规划的方向发展提供指引，而且需要政府在财政、税收、人力、土地等直接要素方面予以减免或优惠，从而扶持企业能够逐渐走上正轨。如前所述，样本地区根据特色产业的情况采取了资金补助、税收优惠等措施以解决企业在发展过程中对资金要素的需求，但由于财政补贴形式单一、税收覆盖范围较小（有些只针对产业园区或示范园内等特定对象）、优惠集中于创新成果阶段等对缓解区域特色产业发展过程中一直面临的资金短缺问题并不十分明显，因而西部地区需要在充分整合财政资源的基础上，采取多样化、覆盖产业园内外企业等较全的资金扶持手段，从而帮扶西部特色产业走向预期中的轨道。首先在财政政策方面，西部地区在利用国家倾斜专项资金的同时，调整原有的财政政策过程中的方式与思路，注重顶层设计，充分整合各部门的财政扶持资金，充分发挥化零散式为集约化管理的集合效应，并通过多种措施调整要素相对价格，为企业发展营造有利的外部经济环境，融合使用直接与间接财政补助手段，尽量减少直接性补贴而转化为对企业进行竞争式调整为主的政策，以统一的标准、政策和竞争环境促使企业间公平的竞争，逐渐增加用于发展区域特色产业的专项资金，促进大企业发展的同时重点扶持区域特色生产企业中的中小微企业，借助多种补贴手段影响企业的成本从而激励企业的生产选择与政府宏观目标方向一致，达到财政资金四两拨千斤的政策效果。另外在税收方面，要基于国家对于产业发展设计的总体要求和税收激励体系，对于目前根据是否入驻特色产业园内所制定的针对特定企业、区域或特定对象的不同税收政策倾向，调整产

业税收优惠的适用范围，设计覆盖特色产业园内、外所有企业对象的税收优惠政策，在体现国家要求的税负一致公平原则的基础上，可以进一步强化西部整个特色产业链条上所有产业的均衡发展。可根据产业的特点、发展过程、企业规模及技术创新等内在的规律分阶段设计税收优惠政策，不仅要对企业创新的结果予以税收优惠，更重要的是要根据企业创新的过程设计相应的税收优惠，采用多样化税收优惠手段，在继续使用减免、低税率等直接税收优惠手段时，综合运用纳税减免、投资抵免、折旧扣除等间接手段，为西部特色产业更好地发展铺好路，并创造出宽松的发展环境，从而进一步激励西部特色生产企业不断注重产业创新和结构升级。

7.2.2 构建适合西部地区西部特色产业的人才激励政策

人才是产业发展的长远机制与根本动力，构建适宜的人才激励政策是西部特色产业创新和发展的保证。本书第 3 章统计描述分析得出，人才政策对样本地区特色产业的发展具有中等强度的作用，而在实证分析中则得出人才支持政策实施对支持类产业政策的贡献率最小，出现这种结果与现行人才政策实施过程中的问题不无关系，因此为提高人才对西部特色产业发展的作用，需要从西部地区的现实情况出发构建适合区域特色产业发展的人才激励政策。第一，对政府而言，要加大财政对人才教育与培养的支出，培养适宜西部特色长远发展的语言人才，为西部特色产业更好地走出国门创造文化交流与人才发展平台，同时对收入分配以能体现贡献情况为原则，并根据不同特色产业对人才需求特点的不同构建适当的人才收入分配制度。任何国家或地方的经济发展都与人才有着极大的关系，人才是固本之基，而通过教育和培训的手段是可行之策。因而政府一方面，需要通过财政支出加大对特色产业所需人才的培养，可以利用区内高校、职业技术学院或专业研究机构建立联合培养基地，组织适合特色产业深加工的高级技术人才及管理人才的培训，以提升其实践能力与管理能力，强化员工的自主学习意识，保证培训的员工能够胜任企业的工作所需。同时，可以利用西部地区在"一带一路"倡议、"黄河流域高质量"发展布局中所具有的人文优势，不断培养出能适宜本土的生产、服务与管理的语言技能型人才，并通过不断的人才培养与输出，间接推动西部特色产业快速走出国门，为西部特色产业更好地迈向国际化发展创造良好的文化交流与人才平台。另一方面，需建立能体现知识价值化的收入奖励政策，区分不同人才类别分别建立分配制度，探索能体现各类人才才能的股权改革型的奖励政策，如对技术人才要将其研发性工作在企业的利润分配中体现出来，以年薪制或入股的形式将技术人才的知识价值与企业的市场价值同步体现，对技能型一线人才，要将实践技能性的业绩在其收入分配中明显地表现出来，体现多劳多得、技精多得的收入分配理念，并尽可能解决其后顾之忧，而对于企业管理人才，应将所得收入与其所负的责任、把控市场风险及其寻求企业生存发展的能力对等起来，以进一步体现管理价值。第二，对企业而言，需要引导企业构建长远的人力资源规划方案，提升企业对人才重视的意识，并通过对现有员工的技能培训与激励措施更好地为西部特色产业服务。由于西部地区区域特色生产企业中很多是由一些规模比较小的作坊式企业逐渐发展起来的，企业负责人多数文化层次并不高，封闭传统的思想比较重，喜欢雇用家族人员作为自己的员工，对员工培训、继续教育等影响企业长远发展的措施主动性并不高，究其原因与企业缺乏长远的发展战略规划不无关系，因此可以通过适当的政策引导企业对长远的发展战略进行规划，让企业在规划自身长远发展的过程中意识到人力资源在其中的重大作用，同时激励企业构建并提高自己的用人计划及对员工培训的主动性意识，对现有员工注重实用性的技能培训，对技术人才注重如何提升其创新性工作绩效，对管理人员则注重提升其凝聚团队、增强团队合作性能力，不仅对员工的工作业绩从物质上予以承认，更要从精神层面激励其更好地为企业服务，从而逐步建立一套适合本企业的、从物质到精神层面的奖励激励措施，进一步提升企业对新聘人才选用的适用性、针对性，同时也提升企业对现有员工的使用效率。

7.3　适度发挥促进类产业政策在西部特色产业中的推进作用

本书最终实证结果的数据证据显示，促进类产业政策在整个西部特色产业政策体系中扮演着较为重要的作用，其中的融资市场变量对西部特色产业促进类产业政策具有最强的贡献度，但是实际中促进类产业政策对西部特色产业发展绩效的回归系数却是最小的，即促进类产业政策对西部特色产业发展绩效的影响作用最弱。而促进类产业政策对西部特色产业发展过程中问题审视的现实依据则表明，采取多种融资手段解决企业的资金难问题且适度向中小企业倾斜，并将政策的信息传递作用发挥好，促进技术成果创新并顺利转化是提升促进类产业政策对西部特色产业发展绩效的重要之重。

7.3.1 丰富金融支持服务工具，政策倾斜中小规模企业

经济发展与金融体系的健全与否关系紧密，与经济发展保持适宜水平的金融体系可以很好地促进经济得到快速增长。如前文所述，西部地区区域特色产业在发展过程中资金短缺问题一直是企业发展绕不过去的一道坎，为此国家、地方政府均制定了多项融资措施以着力解决这一问题，但经本书现实依据的问题审视依然发现其中存在着多种挑战，因此必须要结合区域实际，从特色产业发展的实际需要出发丰富多种金融支持服务方式。首先，需要转变多年来区域特色生产企业的融资观念。目前，样本地区特色生产企业多数是中小规模的企业，由于对金融支持经济发展的工具了解较少，因而企业发展所需资金主要是靠银行贷款和自筹资金两种形式，其中银行贷款是最主要的一种融资方式，而有些即使具备条件的特色生产企业也会因担心证券市场多变可能导致企业进入市场后面临巨大的风险，不愿意让企业贸然进入证券市场，从而多年来形成了依靠银行贷款、自筹资金的形式发展生产。面对此情况，需要政府与相关部门联合，组织金融专业人士经常深入企业，定期对企业宣传普及金融知识，使得西部特色生产企业尤其是一些中小企业能够结合本企业实际情况选择多种适合的融资工具，逐渐转变过去较为单一的融资观念，从而缓解企业成长进程中的融资难题。其次，在金融支持服务西部特色产业方面，政府相关部门可通过联合多家商业银行加强金融服务的合作，围绕不同特色产业的特点及其特色产业在不同发展时期的需求，综合利用组合抵押贷、小额贷、应急转贷、信用贷等形式开发出针对不同企业规模、生产内容、生产期限、产业不同阶段的多种金融类产品。同时，积极借力并规范好民间金融机构对西部特色产业融资的补充支持作用，助力小微型企业也能利用好融资渠道创建平台，从而以多层次的商业银行金融支持来促进西部特色产业发展，但同时需对民间金融机构以法律法规的形式赋予其合法地位，并对其进行严格的规范疏导。除此，当银行信贷不足以支持企业发展时，政府也可以通过发展资本市场，以股票、金融期货、企业债券等金融工具帮助西部特色产业解决资金问题，如可以根据各个地方不同的特色产业，筹建挂牌西

部特色的企业上市板块。同时为保护西部特色生产企业的利益，政府需要通过各种措施加强市场监管，避免因"入市"而给企业带来巨大的风险。另外，在商业银行、资本市场与民间机构解决企业融资的同时，可以将保险市场作为特色产业金融支持体系的补充完善，通过设置一些专门针对西部特色产业，尤其是农业特色产业的险种以削弱产业发展中可能的潜在风险，从而通过多层次的金融支持渠道尽可能解决企业发展的融资难题。最后，在创新担保支持区域特色产业方面根据产业需要构筑合理的担保方式。西部区域特色生产企业规模普遍不大，在发展过程中有很多企业存在着由于缺乏有效的抵押物或者没有有效的担保方，而使其不能顺利通过融资的方式解决资金需求，因而需要创新构筑合理的担保方式，创新信贷种类来应对此问题，比如，政府可以牵头建立担保基金为企业提供融资担保，或依托其他担保基金，依据基金规模采取适度放大比例的方式提供贷款金额，或在企业没有有效的抵押物时可以运用联保、自然人担保、无形资产担保等多种形式，也可以通过流行的大数据方式收集区域特色生产企业有关的现金往来、资金流动等必要信息，完善企业风险评价指标体系与评审机制，在动态、有效地防范企业信贷风险的基础上，适度提高贷款年限，推行一次审核授信循环使用的做法，简化信贷程序，以减小区域特色生产企业尤其是一些中小规模企业再续贷的压力。

7.3.2　发挥政策的信息传递作用，促进创新成果转化

科技创新驱动着经济快速、持续、稳步的增长，科技成果是科技创新活动取得的成果，其成果信息被有效传递识别并转化后才可以驱动经济得到快速发展，因此科技成果转化是实现科技价值与经济效益两者间重要的桥梁。如前文所述，近几年样本地区也制定并实施了多项科技创新及成果转化改革措施，以促进西部特色产业的发展，但在实施后仍有许多问题制约着政策效果的发挥，因此须针对其问题采取有效措施，从而助推科技成果以更多的数量、更好的质量、更快的速度为西部特色产业提供更强的驱动力。第一，借助云智慧科技，构建西部特色产业科技成果供给与需求信息查询服务平台，加强科技成果信息相互流通。供求双方信息的对称对于迅速转化科技成果、破解企业的发展难题、促使企业快速发展起着关键的作用，这既可以解决成果拥有方与转化需求方的信息相互流通问题，也可以为科技促进西部特色产业发展找到新的路径。因此在大数据快速发展的

今天，政府部门可以联合相关产业管理部门，建立西部特色产业科技成果与转化信息网络查询平台，如开发区域特色产业科技成果需求方信息网络平台，为相关高校、科研部门投入创新研发提供方向与信息，该平台可以包含成果需求名称、转化的要求、转化成果简介等相关信息。同时，开发区域特色产业科技成果信息查询平台为各成果需求方提供信息，该查询平台可以包含特色产业成果名称、时间、成果拥有方简要信息介绍、成果转化信息简要等内容，当有企业需要相关成果时就可以快速通过该平台查询到相关信息，通过这两个信息查询平台的建立使得科技成果信息相互流通、相互共享，从而借助云智慧科技成果需求与转化信息查询平台快速助力西部特色产业的发展。第二，合理评价科技成果，增加产学研结合度。目前许多的科技创新比较注重对于理论阶段的考评，而对于理论是否能转化为实际成果、或者转化的成本有多大、转化后的成果具有多大的应用价值、能够产生多强的经济效益等问题并不十分关心，因此需要在相应的政策拟定中对这种情况引起重视。一般来说，高校、科研院所是科技成果的主要生产方，近几年有部分科研机构也针对西部特色产业创新了一些科技成果，其中部分科技成果也经转化后实现了经济价值，但是目前西部地区高校、科研院所的科研体制较为僵化，激励机制与激励效应不顺畅、不明显，科技成果评价指标比较单一，使得研发人员"只重理论成果能否被评审通过、却不关心成果能否被转化"，导致最终的科技成果和市场需求间的关系比较松散。因此，为促进科技成果更好地带动西部特色产业实现效率式的发展，对相关科技成果评价时需更多地以市场需求为导向建立评价指标体系，重视成果与市场之间耦合度的提升，政府通过相关激励措施引导高校科研人员深入企业实地展开深入的调研，找到企业真正需求的成果，达到高校、科研院所的成果与西部特色企业实际生产需求的真正对接。同时，对西部特色生产企业需求的科技成果，释放企业作为科技成果转化的主观能效，通过项目外包、政府购买等形式，与企业达成彼此互惠、风险共担的成果研发合作机制，一方面可以降低成果风险，另一方面也可以拉动成果转化，从而在科技成果评价思路转变的基础上进一步实现西部特色产业从成果需求、研发、投入市场到实现经济价值的产学研高度匹配与合作联盟形式，加快与提高科技成果服务西部特色产业的速度与效益。第三，整合西部特色产业科技中介服务机构与资源，并灵活应对成果转化中的外部性问题。加强科技中介组织的规范化服务是增进科技成果得以快速转化的重要力量，因此首先需要从法律层面对西部特色产业服务的科技中介机构加以规范，通过相应的法规、条例对中介组织的行为、服务范围、服务方式等进行干预与约束，以保证科技中介机构在政府可控的条件下为西部特色产业提供服务，同时，政府可以推进融合现有市场上对西部特色产业提供服务的各类中介服务，通过对其加强服务人员的培养、资金支持等措施对科技中介服务机构予以扶持，从而促进现有中介组织的优化整合，为西部特色产业提供更为健全、专业和规范性的服务。与此同时，对有一定外部性的科技成果，也可以通过科技中介机构的规范化与专业服务促使其外部性在一定范围内得到很好的正向传递，并通过保护措施避免负外部性对企业造成一定的损失，从而充分发挥出科技中介服务机构的作用。

7.4　组合运用内部、外部监督工具，建立规范化绩效评估机制

合理运用政策监督的内、外部监督对保障产业政策实施的效果有较大的影响作用，而为了产业政策实施得到预期中的效果，也必须根据特色产业发展不同的周期、特点适时对其建立规范化绩效评估机制，并根据评估结果对产业政策予以及时调整与更新，从而通过政策监督与评估机制的同时作用使得产业政策更好地服务于西部特色产业的发展。由前文对西部特色产业基于整体视角的问题审视发现，目前样本地区对产业政策与相关项目实施情况的监督模式主要是以审计机构的内部审计监督方式进行，方式较为单一。而在政策评估环节，其评估主体依然是政府主导的各级政策执行机构，而不是由专业独立的第三方评估组织与专业的评估人员对政策实施的绩效进行规范性绩效评估，因此可以从两个方面入手找到政策启示。一方面，组合运用内、外部监督工具对西部特色产业政策实施情况进行监督。内部与外部监督是政策监督的两种有效形式，外部监督有利于强化政策执行的质量，规范执行者的行为。任何一项政策的实施必须接受来自各利益相关方的多向监督，若仅接受来源于组织内部等行政机构的内部监督，而不接受必要的社会、市场等外部监督，那么这项政策实施后不可能产生较好的绩效结果。因此为使得西部特色产业政策实施能有力地推进取得较好的绩效结果，必须要拓宽原有的政策监督渠道，引入社会、市场、网络监督等外部监督手段，通过内部与外部监督手段的组合形成"内监外

督"的监督机制、方式与渠道，同时加大对政策的宣传，充分调动社会监督的力量，使得相关受益群体与企业知晓对产业政策进行外部监督的重要性，并鼓励各监督方报送监督报告，以此双向监督模式及时发现政策执行过程中的问题与原因，及时找到纠错措施并对原有的政策做出修正、补充与完善，增强产业政策透明性，从而以更适合的产业政策在扶持西部特色产业的道路中发挥出最恰当的作用。另一方面，通过构建恰当的产业政策绩效评估指标，由政府之外的、独立第三方绩效评估机构对西部特色产业政策实施情况进行规范化的绩效评估。传统的绩效评估模式中政府既充当运动员同时又扮演着裁判员，这种模式其评估结果的可信度较低。而以独立的第三方绩效评估组织充当"裁判员"的角色，对"政府运动员"做出客观合理的评价，将可以促进评估最终结果更为公正、公开与客观，并进一步增强政府的公信力。因此为保证独立的、第三方绩效评估效果，应首先要建设由相关专业人士组成的评估组织，就评估的标准、程序、方法、指标等在充分讨论的基础上以制度的形式确定下来，从而保证评估的公正性与公平性。鉴于目前独立的第三方绩效评估组织一般主要由高校相关部门、团队组织等专业评估机构组成，因而在构建评估指标方面具有专业性与客观性的优势，但也往往在理论指标方面较为偏重一些，因而政府部门需要引导这些评估机构深入实践中调研，避免出现"理论强而实践轻"的评估指标体系，引导评估组织构建"强实践、弱理论"的双重指标框架，并在具体指标设置时，重点设置政策在市场需求性及政府实施之后的经济与社会效益方面的指标，在实施具体评估时由第三方组织独立进行，政策评估结束后，亦由独立的第三方绩效评估组织及时、如实地将评估结果反馈给相关政策制定与执行部门，并以恰当的方式将评估结果予以公开与公示，以便进一步增加评估结果的透明性与公正性。同时，由于政策实施的直接主体对象主要是西部特色生产企业，因此在评估体系中应适当加入或加重企业的话语权，将西部特色生产企业也引入政策绩效评估体系中，由企业根据产业政策实施对本企业所带来的影响与产生的成效等亲身感受做出更为实际的评估与反馈，从而为后续政策制定与实施部门综合审慎地制定更为适合西部特色产业发展的产业政策体系、并以恰当的时机推出政策打好基础。以独立的第三方绩效评估机构为主、企业评估为辅的规范的政策绩效评估体系将使产业政策进一步得到优化、调整与可持续性地对西部特色产业发挥作用。

7.5 加强政策间沟通协调，注重法律手段保障

产业政策包含着产业发展多方面的政策，但由于制定政策的主体、出发点及针对的产业对象等方面均有所不同，因此系统地制定产业政策，重视政策之间的协调沟通和总体目标的一致性，实施时不过分依赖政府主导的政策性工具，而是将其以法律形式明确下来，将促使西部特色产业在正常的轨道上实现绿色发展，从而使得产业政策在协调沟通的基础上达成总体目标的一致性，即提升西部特色产业的发展绩效。由前文从整体性视角对西部特色产业政策实施问题的审视发现，由于有助于西部特色产业发展的产业政策间协调性不强，政府主导的政策性工具痕迹明显而法律手段不足等问题均影响着政策实施的效果，因此为了使产业政策实施后获取到较好的效果，可得到以下两点启示。第一点，注重顶层设计，加强政策间的沟通协调。产业政策从开始制定到最后的实施所涉及的内容较多且复杂，政府作为产业政策的直接制定者与领导者，为保证产业政策持续有效地作用于西部特色产业，避免出现"一事多管、一事扯皮"的结果，或者在实施过程中能够发现政策彼此间有矛盾甚至冲突等政策协调沟通方面的缺陷，就需要在制定有助于特色产业发展的多项政策时应严格围绕产业政策实施的总目标——如何推动西部特色产业发展绩效的达成展开。一方面，当某产业政策涉及多个部门机构时，需要破除各部门间各自为阵、各达目的的封闭局面，发挥政府作为产业政策顶层设计者的作用，统筹兼容、理顺各机构之间的关系，促进不同政策制定机构间的彼此协调与有效的沟通，从而根据区域整体经济的规划及其特色产业的总体布局以协作的方式制定出具有针对性、实际操作性的、有助于西部特色产业发展的产业政策，同时要明晰每个政策执行部门的具体职责。另一方面，当某产业政策涉及多项政策内容时，如同时涉及金融、税收、财政、人力、物流等政策时，需要注意各政策间的协调，注意地方政策与国家宏观政策是否实现了有效的衔接，避免政策间出现矛盾冲突，同时考虑政策实施的长期性、阶段性特征及其可能的风险因素，要对新政策与旧政策之间的差异性、共同性，根据西部特色产业发展的实际需要进行适当的调整。另外，运用政策工具时注意每种工具都有其优缺点，在保障产业政策连续、有效、可执行的基础上，对各产业政策工具实施灵活组合、相机搭配、统筹规划，从而

实现产业政策统一协调作用于西部特色产业的目标。第二点，以公开、透明的法律手段保障、提升西部特色产业政策的实施绩效。由前所述，目前西部特色产业的各种产业政策大多数是以条例、意见、方案等行政文件的形式零散出现，其实质上是以政府主导的政策性工具为主，并且只有少数的特色产业制定了地方性立法，以法律强制性手段专门助推其发展，这种情况使得产业政策推动西部特色产业发展不能建立在必要的法律依据基础上，从而当政府通过对产业整体实施调控行为，抑制由于某些不当行为与措施可能对西部特色产业发展造成的短期行为时，也会因缺乏法律的有力保障与强制性的制约而导致效果不佳，因此有必要进一步完善以法律手段作为支持的西部特色产业政策。故此，根据西部特色产业发展的现状情况，借鉴其他省份发展产业的经验，建立有助于西部特色产业实现绿色发展的法律保障体系，从特色产业的产地保护、生态环境、质量监测、品牌与交易保护、监管机构、违法惩罚等多方面均以法律法规的形式做出强制性规定，从而助力西部特色产业形成效率式、质量式、法律化的产业政策体系。

第8章

研究结论与展望

8.1 研究结论

本书总体思路遵循理论分析、实证检验相结合的思路，以西部特色产业为对象，围绕西部特色产业绩效与产业政策主题，对产业政策实施与西部特色产业发展绩效间的影响效应展开了较为深入的探讨，从而为西部地区区域特色产业有效提升其绩效提供实证证据。结合可能的创新点，本书主要的工作与结论总结如下。

8.1.1 构建了区域特色产业绩效结构模型

首先对特色产业绩效的相关文献进行了整理与阅读，然后结合西部地区特色产业的实际，将区域特色产业发展绩效要素从质量结合数量双重层面凝练为：发展规模、发展效率、发展结构与发展潜力四个维度，并结合理论层面与实践情形分析提出四个维度的区域特色产业绩效构成要素的原因与可行性，并对各要素进行了详细的阐述，由此构建了区域特色产业绩效结构概念模型，从而一方面使本书的研究工作与区域经济和特色产业发展所面对的现实情况更为相符，另一方面也使得研究工作更具备适用性与可操作性。最后在上述工作基础上，基于样本地区实地的调查数据，结合理论经验与实践要求检验、拟合且修正了区域特色产业发展绩效结构概念模型，最终以量化的方式剖析了西部特色产业绩效构成要素间的内在关系，并对实证结果进行了分析讨论，从而为区域特色产业有效提升其绩效赋予了新的思路。

本部分的工作主要有以下结论产生：第一，在西部特色产业的四个绩效构成要素中，发展效率要素对西部特色产业绩效贡献度最大，其中充分依托本地资源、提升产品深加工比重两个变量对于西部特色产业的发展效率要素是最重要的；第二，产业发展结构要素对西部特色产业发展绩效的作用是最弱的；第三，在产业发展潜力要素中，企业的品牌申请与保护变量对西部特色产业的发展潜力要素最重要，而在产业发展规模要素中，产业总产值变量对西部特色产业的发展规模最重要。这些研究结论表明，一方面，政府如何运用政策工具盘活与挖掘利用好本地资源，着重提高其产品深加工比重，拓深产业链条上的每一份价值，提升产业发展效率，吸引企业积极投入到特色产业发展中是西部特色产业长远发展的一项迫切且重要的任务。另一方面，政府需要利用政策的导向作用，吸引并引导西部特色生产企业彼此联手、抱团取暖，在发展规模上做大特色产业，以充分提升西部特色产品在整个市场上的占有份额，调整优化区域特色产业结构，注重企业对品牌的申请与保护意识，使得区域特色产业的发展道路不仅行走在合理的发展轨道上，而且通过"区域品牌"的积极拓展，增强西部特色产业在国内与国外市场的长远发展潜力与竞争力，这些需要引起西部地区各地方政府极大的重视。

8.1.2 构建了产业政策实施对区域特色产业绩效影响效应模型

首先，对产业政策、特色产业相关文献进行了仔细的研读与梳理，基于罗斯威尔（1985）的"需求、环境、供给"的思路分析框架，构建了"支持类产业政策、促进类产业政策与规范类产业政策"三维度的产业政策指标体系框架，结合区域特色产业实际，在对产业政策指标体系进行测度的基础上，构建了产业政策实施对区域特色产业发展绩效影响效应概念模型，然后基于样本调研数据，经过严格的统计检验、模型评价、拟合，并结合理论与实践对模型进行了适度的修正与改进，最终得到了产业政策实施对区域特色产业绩效影响效应模型，并实证测量出三类产业政策分别作用于西部特色产业发展绩效的影响程度。故而，本节主要是从实证分析视角寻找产业政策实施对西部特色产业发展绩效影响的数据证据，无疑实证分析结果对于更清楚、更理智地了解及有针对性地促进不同产业政策对西部特色产业释放出正向、积极的作用方面有着明显的意义，且对扩充产业政策与产业绩效相关理论研究的宽度与深度也是较有益的尝试与补充。本部分的工作主要产生了下述结论。

第一，支持类产业政策对西部特色产业发展绩效的直接影响效应是三种政策类型中最大的一类，其中的税收优惠政策变量对支持类产业政策具有最强的贡献度，人才支持政策变量贡献最小。此部分的实证结果与第3章中产业政策实施对西部特色产业绩效分析的描述性统计分析结果不谋而合。这表明，相比促进类产业政策与规范类产业政策的间接性产业政策措施，支持类产业政策对西部特色产业绩效的影响力度更为强烈，且更为重要，尤其是实施统一、透明、公开的税收优惠政策，规避因直接的资金补贴而可能带来的寻租行为等的发生，提升企业公平竞争的机制，理应作为西部地区政府应对当前特色产业扶持政策的当务之急。

第二，规范类产业政策对西部特色产业绩效的影响性在三类政策中居于中等水平，而促进类产业政策对西部特色产业发展绩效的影响作用是最弱的，且对西部特色产业发展不同绩效要素的影响也不十分明显。因此，西部特色产业在发展过程中，政府既要充分意识到规范类产业政策的重要性，也要考虑地区从事特色产业的企业实际状况，不能仅简单地强化技术规范等，而是通过引导、奖励与保护等措施提升西部品牌的内在价值，与此同时，将原有的促进类产业政策转化为竞争型政策，加强政策执行环节的监督，抑制政策的偏差，促使企业既能够利用好政策，也能将创新行为与成果转化行为持续下去，从而使区域特色产业能够长远、健康、有序地得到发展，这无疑对提升西部地区区域特色产业绩效至关重要。

8.1.3 结合数据证据与现实依据，提出政策启示

围绕支持类产业政策、促进类产业政策、规范类产业政策及其政策的整体性视角，从实践环节中寻找产业政策在实施过程中主要问题的现实依据，并结合实证环节分析得出的数据证据，提出政策启示。

首先本书基于三类产业政策，结合理论，从实践环节中探寻产业政策在促进西部特色产业发展过程中的问题表现，进而归纳出产业政策实施过程中的问题关键点，为西部特色产业政策启示的得出从现实中寻找到了依据。然后根据实证分析的数据支持和现实依据，从支持类产业政策、促进类产业政策、规范类产业政策、绩效评估机制、法律手段五个方面提出了

促进西部特色产业绩效的产业政策启示。

　　本章主要产生了下述结论：第一，重视规范类产业政策在西部特色产业中的引导作用，确保企业主体的知识产权制度，积极推进土地集约化使用常态机制，制定共同认可的特色产品质量标准体系，实施无缝质量监管等措施是促进西部特色产业长远发展的关键所在。第二，强化支持类产业政策在西部特色产业中的扶持作用，充分整合财政资源，采取多样、覆盖全面的资金扶持手段，构建适宜的西部特色产业人才激励等措施对提升西部特色产业绩效有着直接的推动作用。第三，适度发挥促进类产业政策在西部特色产业中的推进作用，丰富金融支持服务工具，发挥政策的信息传导作用，政策倾斜中小企业，促进创新成果持续转化是提高西部特色产业绩效的可行策略。第四，建立规范化的产业绩效评估机制，引入独立的、第三方专业绩效评估机构，注重不同政策间的沟通协调，以法律手段保障产业政策得以顺利执行对于改善西部地区西部特色产业绩效有着重大的意义。

8.2　研究展望

　　鉴于收集企业数据的困难性及人员能力、经验等的影响，本书研究中的局限性及今后研究的改进主要可从两个方面进行。

　　一方面，本书基于理论分析与实证分析结合的思路研究了区域特色产业绩效与产业政策之间的关系，运用融合回归、路径与验证性分析为一体的结构方程方法对两者间的影响效应进行了量化分析，并结合实践进行了讨论与解释。虽然研究中所使用的样本容量，已经达到了研究所需的要求，但由于针对企业调研与获取企业数据的困难性，本书在样本对象的覆盖与样本容量方面亦存在着一定的可拓宽性，这可能对于揭示西部地区特色产业政策与产业绩效间影响效应的深度与宽度方面尚显不足。因此有必要在后续的研究中，通过拓宽抽样范围，扩大区域特色产业类型，以进一步从定量化的角度深刻剖析西部地区特色产业政策与西部特色产业绩效间的关系效应，从而使得研究结果具有更强的稳定性和普适性特点。

　　另一方面，本书以产业政策与西部特色产业为研究对象，基于实证分析的数据结果与实践环节中寻找到的现实依据，结合理论，凝练出了促进西部特色产业绩效得以提升的政策启示。由于人员学识与实践经验有所不足，并没有对如何提升产业绩效的详细政策、程序与具体的执行步骤做系统、详细的探讨和分析，例如，本书未开发出适合区域特色产业绩效评估的指标变量与绩效评价体系等，从而在将本政策启示应用于区域特色产业实践环节中可能会存在着一定的操作性不足的问题。因此在后续研究推进中，有必要继续深入实践，综合区域特色产业不同产业类型的实际情况，从解决根本问题的政策视角切入，继续强化提升区域特色产业绩效具体操作性方面的政策与建议，从而使得研究具备更强的应用性特征。

参 考 文 献

[1] A. 普勒姆詹德. 公共支出管理 [M]. 北京: 中国金融出版社, 1995.

[2] 阿尔伯特·赫希曼. 经济发展战略 [M]. 北京: 经济科学出版社, 1991.

[3] 卜伟, 谢臻, 赵坚. 中国产业政策的特点、效果与演变——产业政策问题研讨会会议综述 [J]. 经济与管理研究, 2017 (4): 79-84.

[4] 蔡绍洪. 企业规模对创新政策绩效的影响研究——以高技术产业为例 [J]. 中国软科学, 2019 (9): 37-50.

[5] 陈冬华, 姚振晔. 政府行为必然会提高股价同步性吗?——基于我国产业政策的实证研究 [J]. 经济研究, 2018 (12): 112-128.

[6] 陈健, 郭冠清. 论政府与市场的有效结合——兼析产业政策的适用性 [J]. 财经问题研究, 2020 (12): 22-30.

[7] 陈文锋, 刘薇. 区域战略性新兴产业发展质量评价指标体系的构建 [J]. 统计与决策, 2016 (2): 29-33.

[8] 陈永清, 夏青, 周小樱. 产业政策研究及其争论述评 [J]. 经济评论, 2016 (6): 150-158.

[9] 陈振明. 政策科学——公共政策分析导论: 第二版 [M]. 北京: 中国人民大学出版社, 2003.

[10] 大卫·李嘉图. 政治经济学及赋税原理 [M]. 北京: 华夏出版社, 2005.

[11] 樊慧霞. 产业政策有效性之争与税收政策选择 [J]. 税务研究, 2016 (12): 71-75.

[12] 范柏乃. 发展高技术产业贸易政策实证研究 [J]. 国际贸易问题, 2000 (8): 10-15.

[13] 范柏乃. 发展高技术产业人才政策实证研究 [J]. 中国软科学, 2000 (8): 62-66.

[14] 冯玉静，翟亮亮. 产业政策、创新与制造企业服务化——基于"中国制造2025"准自然实验的经验研究 [J]. 科技进步与对策，2022，39 (13)：114 - 123.

[15] 高玥. 产业补贴退坡的政策效果及启示——以中国新能源汽车为例 [J]. 软科学，2020 (12)：28 - 32，46.

[16] 顾昕. 政府积极干预主义的是是非非——林毅夫"新结构经济学"评论之二 [J]. 读书，2013 (11)：36 - 45.

[17] 顾振华. 贸易政策与产业政策双重作用导致对华出口制造业的反倾销 [J]. 世界经济研究，2020 (9)：38 - 51，135.

[18] 郭飞，马睿，谢香兵. 产业政策、营商环境与企业脱虚向实——基于国家五年规划的经验证据 [J]. 财经研究，2022 (22)：33 - 46，22.

[19] 郭景福，解柠羽. 生态视角下民族地区特色产业发展路径研究 [J]. 云南民族大学学报（哲学社会科学版），2016 (1)：151 - 154.

[20] 郭景福，蓝广荣. 边疆民族地区发展机制及特色产业富民路径优化 [J]. 中南民族大学学报（人文社会科学版），2021 (9)：41 - 46.

[21] 郭景福，夏米斯亚·艾尼瓦尔. "三区三州"减贫与发展的多维路径与对策探析 [J]. 民族学刊，2020 (6)：9 - 16，151.

[22] 韩超，肖兴志，李姝. 产业政策如何影响企业绩效：不同政策与作用路径是否存在影响差异？ [J]. 财经研究，2017 (1)：122 - 133.

[23] 韩超. 战略性新兴产业政策依赖性探析——来自地方政府补贴视角的实证检验 [J]. 经济理论与经济管理，2014 (11)：57 - 71.

[24] 郝华勇. 基于特色产业的乡村产业振兴研究——以中医药产业带动一二三产业融合为例 [J]. 天津行政学院学报，2018 (6)：74 - 81.

[25] 洪俊杰，张宸妍. 产业政策影响对外直接投资的微观机制和福利效应 [J]. 世界经济，2020，43 (11)：28 - 51.

[26] 胡继亮，陈瑶. 特色产业选择初探 [J]. 中南民族大学学报（人文社会科学版），2018，38 (4)：166 - 170.

[27] 黄亚玲，李晓瑞，达海莉. 以创新驱动宁夏特色农业高质量发展 [J]. 宁夏农林科技，2020 (7)：40 - 43，59.

[28] 霍利斯·钱纳里，谢尔曼·鲁宾逊，摩西·赛尔奎因. 工业化和经济增长的比较研究 [M]. 上海：格致出版社，2015.

[29] 江静. 公共政策对企业创新支持的绩效——基于直接补贴与税收优惠的比较分析 [J]. 科研管理，2011 (4)：1 - 8.

［30］江涛．基于区块链的产业政策变革：解析与前瞻［J］．学习与实践，2019（10）：42－53．

［31］江小涓．经济转轨时期的产业政策——对中国经验的实证分析与前景展望［M］．上海：格致出版社，2014．

［32］金芳，苏倩，梁益琳．山东制造业细分产业竞争力分析——基于新旧动能转换视角［J］．经济与管理评论，2020（3）：152－164．

［33］康志勇．融资约束、政府支持与中国本土企业研发投入［J］．南开管理评论，2013（5）：61－70．

［34］孔亦舒．区分企业异质性的中美产业竞争力比较研究［J］．宏观经济研究，2021（9）：161－175．

［35］蓝庆新，韩萌．青海特色优势产业融入丝绸之路经济带建设的促进机制和政策建议［J］．西北民族大学学报（哲学社会科学版），2017（1）：135－140．

［36］黎杰松，李键江．乡村振兴视域下民族地区特色产业高质量发展研究［J］．学术交流，2021（9）：96－109．

［37］李伯华，李雪，陈新新，等．新型城镇化背景下特色旅游小镇建设的双轮驱动机制研究［J］．地理科学进展，2021（1）：40－49．

［38］李道芳，陈琳，赵恒志．产业发展现状评价的指标体系及实证研究［J］．中国行政管理，2007（9）：72－74．

［39］李佳，王丽丽，王欢明．不同经济发展水平下创新要素对产业创新绩效的影响及政策启示［J］．科技进步与对策，2020（7）：52－58．

［40］李梦觉．基于ICOP法的工业竞争力评价研究［J］．统计与决策，2009（1）：50－53．

［41］李强．产业政策、技术创新与企业出口绩效——基于不同产业集聚程度的分析［J］．世界经济研究，2016（5）：77－86．

［42］李胜会，刘金英．中国战略性新兴产业政策分析与绩效评价——"非政策失败理论"及实证研究［J］．宏观经济研究，2015（10）：3－13，23．

［43］李兴旺，郭毅．产业集群政策的作用机理及模型构建——基于我国西部地区产业集群的实证研究［J］．财经问题研究，2014（3）：16－21．

［44］李雪灵，马文杰，刘钊，等．合法性视角下的创业导向与企业成长：基于中国新企业的实证检验［J］．中国工业经济，2011（8）：99－108．

［45］李赠，章冬梅．现代产业体系下产业政策解析——基于分工的

超边际分析框架 [J]. 产经评论, 2010 (5): 5-8.

[46] 林毅夫, 巫和怒, 邢亦青. "潮涌现象" 与产能过剩的形成机制 [J]. 经济研究, 2010 (10): 4-19.

[47] 林毅夫. 新结构经济学——重构发展经济学的框架 [J]. 经济学 (季刊), 2011 (1): 1-32.

[48] 刘斐, 李顺国, 夏显力. 中国谷子产业竞争力综合评价研究 [J]. 农业经济问题, 2019 (11): 60-71.

[49] 刘俭, 黄婷. 农民专业合作社对宁夏特色产业发展的推动作用——以中宁枸杞合作社为例 [J]. 农业科技管理, 2013 (3): 63-65.

[50] 刘雪凤, 高兴. 促进我国自主创新能力建设的知识产权政策体系研究 [J]. 科学管理研究, 2014 (32): 21-40.

[51] 吕明元. 产业政策、制度创新与具有国际竞争力的产业成长 [J]. 经济社会体制比较, 2007 (1): 134-137.

[52] 马草原, 朱玉飞, 李延瑞. 地方政府竞争下的区域产业布局 [J]. 经济研究, 2021 (2): 141-156.

[53] 马楠. 民族地区特色产业精准扶贫研究 [J]. 中南民族大学学报 (人文社会科学版), 2016 (1): 128-132.

[54] 马永军. 中国战略性新兴产业发展绩效分析——兼论产业政策的重要性 [J]. 生产力研究, 2019 (8): 8-12, 161.

[55] 迈克尔·波特. 国家竞争优势 [M]. 李明轩, 邱如美, 译. 北京: 华夏出版社, 2002.

[56] 孟晓非. 中国专利政策绩效区域差异及影响因素分析——以高技术产业为例 [J]. 中国科技论坛, 2017 (1): 103-108.

[57] 南亮进. 日本的经济发展 [M] 北京: 经济管理出版社, 1992.

[58] 青木昌彦, 金滢基, 奥野—藤原正宽. 政府在东亚经济发展中的作用: 比较制度分析 [M]. 北京: 中国经济出版社, 1998.

[59] 邱兆林. 中国产业政策有效性的实证分析——基于工业行业面板数据 [J]. 软科学, 2015 (2): 11-14.

[60] 邱兆林. 中国制造业转型升级中产业政策的绩效研究 [D]. 济南: 山东大学, 2016.

[61] "三农" 发展铸就辉煌 乡村振兴擘画蓝图 [EB/OL]. (2019-09-30). https://www.nx.gov.cn/ztsj/sj1/tjxx/201910/t20191025_1813349.html.

[62] 盛朝迅. 从产业政策到产业链政策："链时代"产业发展的战略选择 [J]. 改革，2022（2）：22 – 35.

[63] 石奇，孔群喜. 实施基于比较优势要素和比较优势环节的新式产业政策 [J]. 中国工业经济，2012（12）：70 – 82.

[64] 舒锐. 产业政策一定有效吗？——基于工业数据的实证分析 [J]. 产业经济研究，2013（3）：45 – 54，63.

[65] 宋德军，周彤. 黑龙江省绿色食品产业国际竞争力评价指标的选择及模型构建研究 [J]. 商业经济，2013（8）：7 – 9.

[66] 宋国宇，杜会永，尚旭东. 中国绿色食品产业发展的现状、制约因素与发展趋势分析 [J]. 哈尔滨商业大学学报（社会科学版），2013（6）：15 – 24.

[67] 宋国宇，赵莉，康粤. 黑龙江省绿色（有机）食品出口发展效率评价研究 [J]. 农业经济与管理，2016（1）：45 – 54.

[68] 孙志红，李娟. 丝路带西北段区域金融供给与绿色产业发展匹配问题研究 [J]. 工业技术经济，2017（1）：102 – 107.

[69] 谭正航. 我国区域产业政策法律制度演进历程与完善路径 [J]. 生态经济，2016（6）：114 – 118.

[70] 唐志强，王丁宏. 县域特色产业选择的指标体系构建 [J]. 统计与决策，2010（6）：75 – 77.

[71] 田川颐. 贵州省白旗村韭黄产业实证研究——兼论产业政策法制化对民族地区特色产业的促进 [J]. 贵州民族研究，2019（11）：130 – 135.

[72] 托马斯·戴伊. 理解公共政策：第十一版 [M]. 北京：北京大学出版社，2008.

[73] 万丛颖，徐健. 我国区域战略性新兴产业的发展评价 [J]. 现代管理科学，2012（6）：82 – 84.

[74] 王大明. 发展特色产业是贫困地区精准扶贫的有效方式——以四川广元市为例 [J]. 西华师范大学学报（哲学社会科学版），2017（1）：92 – 95.

[75] 王晓珍，彭志刚，高伟，等. 我国风电产业政策演进与效果评价 [J]. 科学学研究，2016（12）：1817 – 1828.

[76] 王业强，孙硕，张璐璐. 以生态文明理念推进江西特色小镇建设——来自江西国情调研基地的思考 [J]. 生态经济，2019（10）：94 –

100.

[77] 威廉·N. 邓恩. 公共政策分析导论 [M]. 北京：中国人民大学出版社，2002.

[78] 魏志奇. 罗斯托的增长阶段理论及其对发展中国家转型的启示 [J]. 成都行政学院学报，2014 (4)：11-14.

[79] 吴冬梅. 宁夏特色产业精准扶贫的发展研究 [J]. 经营管理者，2017 (5)：58-59.

[80] 吴昊，吕晓婷. 经济治理现代化与产业政策转型 [J]. 吉林大学社会科学学报，2021 (5)：19-29，235.

[81] 吴明隆. 结构方程模型——AMOS 的操作与应用：第 2 版 [M]. 重庆：重庆大学出版社，2010.

[82] 席吕思. 乡村振兴背景下农村特色产业推动贫困地区发展路径研究——以恩施巴东县为例 [J]. 特区经济，2020 (12)：97-99.

[83] 下河边淳，管家茂. 现代日本经济事典（中译本）[M]. 北京：中国社会科学出版社，1982.

[84] 夏锦文，张鑫. 从耗散结构论看赫尔希曼的不平衡增长理论 [J]. 西安建筑科技大学学报（社会科学版），2004 (4)：38-41.

[85] 小岛隆太郎，奥野正宽，铃村兴太郎. 日本的产业政策 [M]. 北京：国际文化出版公司，1988.

[86] 熊勇清，李晓云，黄健柏. 战略性新兴产业财政补贴方向：供给端抑或需求端 [J]. 审计与经济研究，2015 (5)：95-102.

[87] 胥留德. 论特色产业的选择 [J]. 经济问题探索，2002 (11)：15-18.

[88] 亚当·斯密. 国民财富的性质和原因的研究 [M]. 北京：商务印书馆，2014.

[89] 阎晓莹. 开放经济条件下的产业政策有效性——来自光伏电池行业的经验证据 [J]. 经济与管理研究，2017 (4)：68-78.

[90] 杨瑾，王忠伟，庞燕. 基于熵权 TOPSIS 法的油茶产业发展绩效评价 [J]. 中南林业科技大学学报，2021 (12)：168-177.

[91] 杨亚东，罗其友，伦闰琪，等. 乡村优势特色产业发展动力机制研究——基于系统分析的视角 [J]. 农业经济问题，2020 (12)：61-73.

[92] 叶光亮，程龙，张晖. 竞争政策强化及产业政策转型影响市场

效率的机理研究——兼论有效市场与有为政府 [J]. 中国工业经济, 2022 (1): 74-92.

[93] 余东华, 吕逸楠. 政府不当干预与战略性新兴产业产能过剩 [J]. 中国工业经济, 2015 (10): 53-68.

[94] 俞立平, 章美娇, 王作功. 中国地区高技术产业政策评估及影响因素 [J]. 科学学研究, 2018 (1): 28-36.

[95] 约瑟夫·E. 斯蒂格利茨. 东亚奇迹的反思 [M]. 北京: 中国人民大学出版社, 2003.

[96] 詹姆斯·E. 安德森. 公共决策 [M]. 北京: 华夏出版社, 1990.

[97] 詹姆斯·M. 布坎南. 自由、市场和国家 [M]. 北京: 北京经济学院出版社, 1988.

[98] 张纯, 潘亮. 转轨经济中产业政策的有效性研究——基于我国各级政府利益博弈的视角 [J]. 财经研究, 2012 (12): 85-94.

[99] 张芳. 宁夏: 布局特色产业 实现 "就地城镇化" [N]. 中国经济时报, 2014-07-28.

[100] 张国兴, 高晓霞, 张振华, 等. 产业协同是否有助于提升节能减排的有效性?——基于 1052 条节能减排政策的研究 [J]. 中国管理科学, 2017 (3): 181-189.

[101] 张婷婷. 从市场环境和产业政策谈我国商贸流通产业的地区差异 [J]. 商业经济研究, 2021 (20): 5-8.

[102] 张煜, 张杰. 宁夏: 用知识产权增强特色产业竞争力 [N]. 2013-07-26.

[103] 赵欣, 刘艳. 内蒙古库伦旗农牧业特色产业扶贫模式与经验 [J]. 农业经济, 2020 (9): 21-22.

[104] 郑宇. 当前中国边疆民族地区经济发展态势与突显问题解析 [J]. 西南民族大学学报 (人文社科版), 2020 (3): 1-7.

[105] 智晓婷, 何怡婷. 出版产业对外贸易政策演进与绩效评估——基于政府规制视角的分析 (1992-2020) [J]. 出版科学, 2022 (1): 42-50.

[106] 周振华. 产业政策的经济理论系统分析 [M]. 北京: 中国人民大学出版社, 1991.

[107] Aghion P, Cai J, Dewatripont M, et al. Industrial Policy and

Competition [J]. American Economic Journal: Macroecononomics, 2015, 7 (4): 1 – 32.

[108] Belay Seyoum. The Role of Factor Conditions in High-technology Export: An Empirical Examination [J]. Journal of High-technology Management Research, 2013, 15 (1): 145 – 162.

[109] Blonigen B A, Wilso W. Foreign Subsidization and Excess Capacity [J]. Journal of International Economics, 2010 (80): 200 – 211.

[110] Boiral O. ISO 9000: Outside the Iron on Cage [J]. Organization Science, 2003, 14 (6): 720 – 737.

[111] Dani Rodrik. Coordination Failures and Government Policy: A Model with Application to East Asia and Easkm Europe [J]. Journal of International Economics, 1996 (40): 1 – 21.

[112] Darrene Hackler. Cities in the Technology Economy [J]. Growth & Change, 2007 (9): 519 – 521.

[113] Dasgupta Partha, Joseph Stiglitz. Learning-by-doing Market Structure and Industrial and Trade Policies [J]. Oxford Economic Papers, 1988, 40 (2): 246 – 268.

[114] Franco Malerba, Uwe Cantner. Innovation, Industrial Dynamics and Structural Transformation: Schumpeterian Legacies [J]. Journal of Evolutionary Economics, 2006 (16): 1 – 2.

[115] Freeman C. Technology Policy and Economic Performance: Lessons from Japan, California [M]. London: Pinter Pubshers, 1987.

[116] Goss E, Vozikis G S. High-tech Manufacturing: Firm Size, Industry and Population Density [J]. Small Business Economics, 2005 (2): 291 – 297.

[117] H. Wollmann. Policy Evaluation and Evaluation Research: Theory, Politics and Methods [M]. Boca Rciton: CRC Press, 2007.

[118] Johnson C. MITI and the Japanese Miracle: the Growth of Industrial Policy, 1925 – 1975 [M]. Palo Alto: Stanford University Press, 1982.

[119] Lasswell H D. Power and Society [M]. NH: Yale University Press, 1970.

[120] Lee S. Necessity as the Mother of Intervention: The Industrial Policy Debate in England [J]. Local Economy, 2010 (8): 622 – 630.

[121] Lynne Pepall, Dan Richards, George Norman. Industrial Organiztion: Contemporary Theory and Empirical Applications [M]. Malden, MA: Blackwell Publishing Company, 2008.

[122] Martin F. Rethinking the Role of Fiscal Policy [J]. The American Economic Review, 2009, 99 (2): 558 – 565.

[123] Ratliff J M. The Persistence of National Differences in a Globalizing World: the Japanese Struggle for Competitiveness in Advanced Information Technologies [J]. Journal of Socio-Economies, 2004 (33): 71 – 85.

[124] Roy Rothwell, Walter Zegveld. Reindustrialization and Technology [M]. London: Longman Group Limited, 1985.

[125] Russo C, Goodhue R E, Sexton R J. Agricultural Support Policies in Imperfectly Competitive Markets: Why Market Power Matters in Policy Design [J]. American Journal of Agricultural Economics, 2011, 93 (5): 1328 – 1340.

[126] Sanjay Lall. Reinventing Industrial Strategy: The Role of Government Policy in Building Industrial Competitiveness [C]. The G24 Intergovernmental Group on Monetaiy Affairs and Development. Queen Elizab House, University of Oxford, Working Paper Numbe 111, 2003: 1 – 35.

[127] Williams S L. Japanese Industrial Policy: What Is It, and Has It Worked? [J]. Canada-United States Law Journal, 1993 (9): 79 – 92.

[128] Yager L, Schmidt R. The Advanced Technology Program: A Case Study in Federal Technology Policy [M]. Washington D C: AEI Press, 1997.

附　　录

产业政策实施绩效问卷调查

尊敬的先生/女士：

您好！

非常感谢您百忙中参与本项目的调查。

为了解本区域特色生产企业发展过程中各类产业政策对企业的影响及存在的障碍，本问卷就区域特色生产企业发展的政策因素做专门调查，并研究其解决的办法，以供政府对区域特色企业的发展制定出更合适其发展的产业政策。

本问卷获取的所有信息仅限本项目研究之用，不会以任何形式向任何机构、个人提供或公开，请您放心填写。

您的填写对本项目的研究结论非常重要，请您务必认真回答。

感谢您的合作与支持！

本问卷共分为四部分，分别为：

第一部分　企业基本情况

第二部分　企业发展状况

第三部分　产业政策对企业发展的影响及政策实施满意度

第四部分　影响企业发展的政策性障碍因素

第一部分　企业基本情况

1. 企业名称_____　地址_____

2. 企业总用地_____亩，总建筑面积_____平方米

3. 厂房权属　（□自有　　□租用）

4. 企业成立时间：□3 年以下（含）　　□3～5 年（含）
□5～10 年（含）　　□10 年以上

5. 企业职工人数：□10 人以下　　□10～30 人　　□31～50 人

□51～100人　　□100人以上

6. 企业性质：□国有　　□集体　　□股份制　　□外资　　□民营　　□个人独资及合伙　　□其他（请注明）

7. 企业总资产：□4亿元以上　　□4亿～1亿元　　□1亿～4000万元　　□4000万～2000万元　　□2000万～500万元　　□500万元以下

8. 企业销售规模：□50亿元以上　　□10亿～50亿元　　□4亿～10亿元　　□1亿～4亿元　　□2000万～1亿元　　□300万～2000万元　　□300万元以下

9. 主营业务类别：□牛羊肉加工及制品　　□果蔬制品　　□乳制品　　□粮油加工　　□休闲食品　　□医药、保健品制造　　□糕点生产、销售　　□糖果生产、销售　　□饮料生产、销售　　□茶叶及茶饮品　　□纺织服装、鞋帽制造　　□日化用品　　□皮革毛皮羽毛及制品　　□家居及日常用品　　□包装印刷　　□餐饮业　　□休闲旅游　　□其他（请注明）＿＿＿＿＿＿

第二部分　企业发展状况

这部分问卷用于收集企业发展绩效的相关数据，请结合您的专业知识、实践经验，相比竞争对手，对贵企业的实际状况与本问卷所描述情况的相符程度做出选择，答案无对错之分。

1. 近些年来，贵企业生产产品的实物数量在逐渐增加（　　）

A. 很不符合　　B. 不符合　　C. 基本符合　　D. 比较符合

E. 非常符合

2. 近些年来，贵企业的总产值在逐年增加（　　）

A. 很不符合　　B. 不符合　　C. 基本符合　　D. 比较符合

E. 非常符合

3. 近些年来，贵企业经过质量认证标准的产品数量在逐渐增加（　　）

A. 很不符合　　B. 不符合　　C. 基本符合　　D. 比较符合

E. 非常符合

4. 近些年来，贵企业的总占地面积有所增加（　　）

A. 很不符合　　B. 不符合　　C. 基本符合　　D. 比较符合

E. 非常符合

5. 近些年来，贵企业的职工总人数有所增加（　　）

A. 很不符合　　　B. 不符合　　　C. 基本符合　　　D. 比较符合

E. 非常符合

6. 近些年来，贵企业的平均资产总额逐年有所增加（　　）

A. 很不符合　　　B. 不符合　　　C. 基本符合　　　D. 比较符合

E. 非常符合

7. 近些年来，贵企业产品的平均产量逐渐增长（　　）

A. 很不符合（下降）　　　　　　B. 不符合（基本无变化）

C. 基本符合（增长 5% ~10%）　D. 比较符合（增长 10% ~15%）

E. 非常符合（增长 15% 以上）

8. 近些年来，贵企业平均年销售额持续增加（　　）

A. 很不符合（下降）　　　　　　B. 不符合（基本无变化）

C. 基本符合（增长 5% ~10%）　D. 比较符合（增长 10% ~15%）

E. 非常符合（增长 15% 以上）

9. 近些年来，贵企业的产品出口逐年增加（　　）

A. 很不符合（没有出口）　　　　B. 不符合（下降）

C. 基本符合（增长 5% 以上）　　D. 比较符合（增长 10% 以上）

E. 非常符合（增长 15% 以上）

10. 与同行业的其他企业相比，贵企业在市场中占据一定的竞争地位

（　　）

A. 很不符合　　　B. 不符合　　　C. 基本符合　　　D. 比较符合

E. 非常符合

11. 近些年来，贵企业的生产产值对区域经济的贡献比较大（　　）

A. 很不符合　　　B. 不符合　　　C. 基本符合　　　D. 比较符合

E. 非常符合

12. 近些年来，贵企业产品深加工的比重增加比较快（　　）

A. 很不符合（无增加）　　　　　B. 不符合（5% 以下）

C. 基本符合（5% ~10%）　　　　D. 较符合（10% ~20%）

E. 很符合（20% 以上）

13. 近些年来，贵企业的劳动生产率提升比较快（　　）

A. 很不符合　　　B. 不符合　　　C. 基本符合　　　D. 比较符合

E. 非常符合

14. 贵企业的发展过程中，充分依托了本地的资源（　　）

A. 很不符合（完全无依托）　　　B. 不符合（极小部分依托）

C. 基本符合（50% 依托）　　　　D. 比较符合（绝大部分依托）

E. 很符合（全部依托）

15. 近些年来，企业投资所产生的效益逐年得到比较快的提升（　　）

A. 很不符合　　B. 不符合　　C. 基本符合　　D. 比较符合

E. 非常符合

16. 近些年来，贵企业平均上交的税费增长比较快（　　）

A. 很不符合　　B. 不符合　　C. 基本符合　　D. 比较符合

E. 非常符合

17. 近些年来，贵企业的平均利润有非常快的增长（　　）

A. 很不符合（下降）　　　　　　B. 不符合（较慢）

C. 基本符合（5% 以下）　　　　D. 比较符合（5%～10%）

E. 非常符合（10% 以上）

18. 近些年来，贵企业的主营业务市场份额占有比较高（　　）

A. 很不符合　　B. 不符合　　C. 基本符合　　D. 比较符合

E. 非常符合

19. 近些年来，贵企业生产的产品销售区域逐渐延伸至区域以外的地区（　　）

A. 很不符合（只销往本市）　　　B. 不符合（只销往宁夏）

C. 基本符合（销往西部五省区）　D. 比较符合（销往全国）

E. 非常符合（销往国外市场）

20. 贵企业生产的产品在市场上非常受欢迎（　　）

A. 很不符合（不受欢迎）　　　　B. 不符合（不太受欢迎）

C. 基本符合　　　　　　　　　　D. 比较符合（较受欢迎）

E. 非常符合（很受欢迎）

21. 贵企业的发展理念完全紧跟上了时代的步伐（　　）

A. 很不符合（完全没跟上）　　　B. 不符合（勉强跟上）

C. 基本符合（较慢跟上）　　　　D. 比较符合（较快跟上）

E. 非常符合（很快跟上）

22. 近些年来，贵企业生产的产品市场需求增长比较快（　　）

A. 很不符合　　B. 不符合　　C. 基本符合　　D. 比较符合

E. 非常符合

23. 贵企业有专门的研究机构吗？（　　）

A. 有　　　　　　　B. 没有

24. 近些年来，贵企业与专业研究机构或高等院校的合作情况（　　）

A. 基本没有合作　　　　　　　　B. 偶尔合作

C. 长期稳定的合作

25. 近些年来，贵企业技术专利的申请量有明显的增长（　　）

A. 很不符合（无专利）　　　　　B. 不符合（只一项）

C. 基本符合（有两项）　　　　　D. 比较符合（有三项）

E. 非常符合（三项以上）

26. 近些年来，贵企业的生产装备技术水平比较高（　　）

A. 很不符合（很落后）　　　　　B. 不符合（较落后）

C. 基本符合（国内同等水平）　　D. 比较符合（国内先进水平）

E. 非常符合（国际同等或先进）

27. 近些年来，贵企业创新研发投入占销售总额的比重逐年提高比较快（　　）

A. 很不符合（无变化）　　　　　B. 不符合（1% 以下）

C. 基本符合（1% ~ 3%）　　　　D. 比较符合（3% ~ 5%）

E. 非常符合（5% 以上）

28. 近些年来，贵企业对员工技术培训的频率比较高（　　）

A. 很不符合（基本不培训）　　　B. 不符合（只新员工培训）

C. 基本符合（每季度一次）　　　D. 比较符合（每月一次）

E. 非常符合（每周一次）

29. 近些年来，贵企业拥有中级及以上职称的人数占企业员工总数的比例有所增加（　　）

A. 很不符合　　　B. 不符合　　　C. 基本符合　　　D. 比较符合

E. 非常符合

30. 近些年来，贵企业员工的学历层次水平提升比较快（　　）

A. 很不符合（高中及以下占大多数）

B. 不符合（专科层次比较多）

C. 基本符合（本科层次较多）

D. 比较符合（15% 以上是硕士及以上学历）

E. 非常符合（30% 以上是硕士及以上学历）

31. 近些年来，贵企业高级管理人才主要来自东部发达地区及海外归

来（　　）

    A. 很不符合（全部来自宁夏）　　B. 不符合（来自西部地区）

    C. 基本符合（来自东部地区）　　D. 比较符合（海外留学归来）

    E. 非常符合（外籍人士）

32. 近些年来，贵企业积极争取创建自有品牌的意识比较强（　　）

    A. 很不符合　　B. 不符合　　C. 基本符合　　D. 比较符合

    E. 非常符合

33. 贵企业拥有注册商标吗？（　　）

    A. 没有商标　　　　　　　　　B. 拥有自主商标权

    C. 拥有购买的商标使用权

第三部分　产业政策对企业发展的影响及政策实施满意度

本部分由两部分组成（请直接在相应选项上打对勾）：

1. 产业政策对贵企业影响程度分为：影响很小、影响较小、影响中等、影响较大、影响很大

2. 贵企业对产业政策执行的满意度分为：很不满意、不太满意、满意、比较满意、非常满意

产业政策	政策对企业影响程度					政策执行满意程度				
	很小	较小	中等	较大	很大	很不满意	不太满意	满意	比较满意	非常满意
财政政策										
政府向贵企业提供项目资金补助政策										
政府向贵企业提供无偿资助、低息、贴息或免息等贷款										
政府向贵企业提供获取产品认证的补助资金										
贵企业享受政府提供的免征、抵免或降低税率等税收优惠										

续表

产业政策	政策对企业影响程度					政策执行满意程度				
	很小	较小	中等	较大	很大	很不满意	不太满意	满意	比较满意	非常满意
土地政策										
政府提供贵企业开展项目所需的优惠土地										
政府鼓励贵企业开发未利用土地的激励机制										
政府鼓励贵企业集约利用土地的管理制度										
政府鼓励中小企业项目优先安排用地的措施										
人才政策										
政府稳才、用才的相关政策										
政府引进贵企业所需人才的相关政策										
政府有关人才培养的政策										
政府有关人才流动的相关政策										
金融政策										
政府向贵企业提供健全的社会融资机制										
政府向贵企业提供多样化的融资渠道										
政府向贵企业提供信用担保体系建设措施										
政府向贵企业进行融资风险的补偿措施										
技术支持政策										
政府营造利于贵企业技术规范的氛围										

续表

产业政策	政策对企业影响程度					政策执行满意程度				
	很小	较小	中等	较大	很大	很不满意	不太满意	满意	比较满意	非常满意
技术支持政策										
政府帮助贵企业搭建技术创新平台的扶持政策										
政府对贵企业的创新成果进行评价和奖励										
政府对贵企业的知识产权保护的措施										
政府对贵企业的知识产权转化措施										
政府向贵企业科技创新实施的后补助政策										
政府积极拓宽贵企业技术创新成果的交易渠道										

第四部分　影响企业发展的政策性障碍因素

1. 您认为，最影响企业发展的财政政策障碍因素有（选三项）（　　）

A. 财政优惠政策执行强制性不足，缺少执行标准

B. 政府部门存在乱收费现象

C. 财政政策对产业园区外的企业税收优惠措施少

D. 财政政策对中小、微企业优惠较小

E. 获取财政支持门槛偏高

F. 税收优惠政策作用有限，操作繁琐，落实困难

G. 其他（请填写）：＿＿＿＿＿＿＿

2. 您认为，最影响企业发展的土地政策障碍因素（选三项）（　　）

A. 土地政策的制定、实施缺乏制度保障

B. 城市规划布局不合理，土地资源被浪费

C. 土地流转管理和监管不力

D. 土地利用结构不合理，未实现集约化利用

E. 土地审批效率不高，报批手续繁琐

F. 土地税费标准不合理，税费征缴变相减免

G. 其他（请填写）：_____

3. 您认为，最影响企业发展的人才政策障碍因素（选三项）（   ）

A. 引进门槛过高

B. 引进人才市场化配置程度不高

C. 引进人才待遇得不到保障

D. 激励方式单一，激励效果不明

E. 人才奖励部门多、标准不一，相互攀比

F. 人才培养手段单一，导向不明确

G. 其他（请填写）：_____

4. 您认为，最影响企业发展的金融政策障碍因素（选三项）（   ）

A. 融资制度不完善，融资保障体系不健全

B. 贷款抵押担保落实困难

C. 融资渠道狭窄、融资方式单一

D. 融资额度较低，有效供给不足

E. 贷款准入条件过于严格，申请难度大

F. 企业信用担保体系建设存在问题，风险控制水平有限

G. 其他（请填写）：_____

5. 您认为，最影响企业发展的技术支持政策障碍因素（选三项）（   ）

A. 政府创新资源整合程度不高，资金投入分散

B. 创新政策门槛高，比较难申请

C. 技术创新法律体系不完善，产权保护不力

D. 技术市场不健全，产学研结合不强

E. 政策信息不透明，不能及时了解最新政策

F. 成果评价不合理，奖励不到位

G. 其他（请填写）：_____

6. 贵企业发展过程中最大的制约因素（选一项）（   ）

A. 市场　　　　　B. 技术　　　　　C. 人才　　　　　D. 资金

E. 其他

7. 除了自有资金，贵企业目前资金主要是来源于（选一项）（   ）

A. 银行信贷资金　　　　　　　　B. 民间借贷资金

C. 证券市场　　　　　　　　　　D. 其他

8. 您对未来政府支持企业发展方面还有哪些建议？

_____

问卷填写者：_____　　性别：_____　　职务：_____

电话：_____

问卷题目结束，请您检查题目有无遗漏。再次感谢您的合作与支持！

后　　记

　　本书从内容设计、策划、研讨、调研、数据分析与撰稿、修改，经历了四年时间，期间各种辛苦历历在目。在本书推进与研究的过程中，得到了政府相关部门的大力支持，在此表示真心感谢！对在本书完成的过程中给予我帮助、指导的宁夏大学高桂英教授、杨国涛院长、杨韶艳教授、张会萍教授、冬梅教授、段瑞娟教授等表示万分感谢！同时感谢参与写作人员的调研、资料收集、数据分析与整理工作，另外，本书亦参考借鉴了许多同行学者、专家的相关研究文献与成果，在此本人表示衷心的感谢！由于自身研究水平与实践能力不足，书中难免会有错误、表述不当或者疏漏之处，诚恳希望各位专家予以批评指正。

哈梅芳

2022 年 9 月